EL TEATRO DE RUIZ IRIARTE

Depósito legal, 31.704 - 1973

I.S.B.N. 84-7232-221-1

GRAFICAS UGUINA · MELENDEZ VALDES, 7 · MADRID, 1973

ESTEBAN LENDINEZ-GALLEGO

EL TEATRO DE RUIZ IRIARTE

PROLOGO
DE
LORENZO LOPEZ SANCHO

EDICIONES CULTURA HISPANICA

MADRID, 1973

*A Marlene
que terminó
lo que sigue:*

Víctor Ruiz Iriarte

PROLOGO

L A tendencia a la facilidad, aliada con ese inevitable gusto por el autodesprecio que caracteriza la vida literaria española, ha producido un curioso y muy estabilizado efecto: el de reemplazar los patrones de apreciación crítica por comodines, por casillas. Se sustituye el trabajo de examinar, calificar, medir las diversas y a menudo contradictorias condiciones de un autor, de una obra, por un previo enrejado en el que es sencillo instalar, como el florista implanta en la rejilla del florero los tallos de su «boquet», a los escritores que componen nuestra peculiar floresta literaria. ¿Alguien dijo una vez que Víctor Ruiz Iriarte era un autor de evasión? Pues ya vale para siempre este encasillado. No hay por qué molestarse en distinciones, aunque la variedad de la obra esté reclamándolas a gritos.

A esa empresa de distinguir se atreve el autor de este libro, Esteban Lendínez Gallego, profesor de la Universidad de Texas Christian University, en Fort Worth (Texas), donde, como antes en otras universidades y centros norteamericanos, explica cursos monográficos de literatura moderna, Historia de la Lengua, Cultura y Civilización Españolas, etc. El profesor Lendínez, en efecto, aborda en estas páginas la consideración de Ruiz Iriarte como crítico social.

¿Hay evasión donde se critica a una sociedad? Puede el autor evadirse a la hora de las conclusiones, a la hora de las puniciones, incluso a la hora de ciertos planteos; pero si su obra constituye una crítica social, ciertamente nos encontraremos ante un escrito que practica un cierto realismo según unas determinadas condiciones.

No pueden ser otras esas condiciones que las que le imponen la situación política de su tiempo, del tiempo en que construye su obra. Hacia 1940 aparece un nuevo público teatral. La guerra civil ha expulsado de los niveles económicos a un sector de la burguesía que por sus tendencias políticas e intelectuales era apto para sostener y alentar actitudes europeizantes frente a la habitual problemática que el autor proponía desde el escenario. El sector burgués triunfante se caracteriza por un cierto tradicionalismo, una actitud conservadora poco propicia a atrevimientos, a innovaciones, a descaros. La nueva capa social que, como consecuencia del conflicto armado, se incorpora a la Administración, a la tutela empresarial, a la nueva vida madrileña—el teatro seguirá haciéndose durante lustros en Madrid y para Madrid con temporales exportaciones a provincias—, no posee una cultura diferenciada. Por el contrario, sus pautas de apreciación se acomodan a las de la burguesía anterior a la que se integra. La tendencia de esas pequeñas masas de posibles espectadores teatrales sufre por los años cuarenta una inflación de valores pasados. Toda la propaganda cultural de la guerra ha producido una exacer-

bación de los moldes arquetípicamente españoles, un anclaje en los criterios patrióticos, sociales y morales establecidos a lo largo de los últimos siglos y que se reafirman ante el conato de reforma, de revisión, incluso de negación, que han supuesto los criterios del bando derrotado. Por otra parte, esa actitud básica del hombre que va a acudir a los escenarios cuando España, convaleciente y aislada, se ve empujada a refugiarse más que nunca en sí misma, es reforzada por la actitud del Poder Público, que aspira a cortar radicalmente las tendencias anteriores y a moralizar, a inmunizar contra todo mal, por su radical supresión, a un pueblo cuya tarea más acuciante va a ser la reconstrucción en la obediencia. Es urgente conseguir una sociedad ideal, un país perfecto. Durante muchos años, el Poder Público suprimirá de la vida española toda suerte de accidentes. No habrá atracos, descarrilamientos, hundimientos de edificios, crímenes, sencillamente porque su noticia, su relato serán implacablemente raídos de los medios de comunicación. Naturalmente, y con mucho mayor motivo, no habrá transgresiones de una moral católica clara, sin equívocos. No existirán el adulterio, el suicidio. No existirán conductas en desacuerdo con un código moral severo.

El escritor se encuentra así ante dos fortísimos condicionantes: una sociedad abrupta, informe, que necesita sedimentarse y que, entre tanto, se ajusta a criterios anteriores, y una Administración que da por supuesto que en la vida española no pueden producirse, y mucho menos exteriorizarse, actitudes colectivas o individuales consideradas pecaminosas, atentatorias incluso contra la propia esencia de lo nacional. Si el escrito compone piezas teatrales, el condicionamiento se agrava. Necesita el autor teatral un consentimiento, una aceptación, inmediatos. Si sus posiciones no se ajustan en una cierta medida a las del público de su época, su éxito es imposible. No será, pues, un evadido cuando eluda enfrentarse con la realidad en toda su crudeza. Será un ena-

jenado. Las dos presiones, la del público y la del Poder, le alienan, le privan de ser él mismo, en el caso de que su modo de ser intelectual no concuerde con las directrices dominantes. Siempre ha estado la obra de arte condicionada por el ambiente de su tiempo y por una compleja combinación de premisas económicas y sociales. La actitud elusiva de casi todo el teatro que se produce en España entre 1940 y 1960—me refiero más al que representa que al que se escribe—está, pues, determinada por la actitud socio-moral del espectador y por la presión aceptizadora que la Administración ejerce.

He aquí, sin embargo, que Esteban Lendínez descubre en la obra de Ruiz Iriarte unas constantes actitudes descriptivas de parte de la sociedad española, y en ellas, un deliberado juego de degradaciones, gracias al cual sus objetivos críticos pueden ser alcanzados. Por su preparación literaria—estima el autor de este libro—, Ruiz Iriarte ha de ser colocado en la estela de Benavente, Casona, Arniches, Jardiel Poncela, Roussin, Shaw. La línea está bien trazada. Corresponde al casticismo con gotas europeizantes del autor de «El landó de seis caballos». Esos antecedentes formativos desembocan en un quehacer que logra fácilmente la belleza literaria y poética; instrumento utilísimo cuando se prefiere la farsa a la comedia y cuando el estudio de las costumbres se detiene al margen del costumbrismo. Lo que Ruiz Iriarte somete al cristal de color de rosa de su observación es la burguesía española, rara vez la aristocracia, para enderezarle una llamada de aviso y cautela.

Y esa descripción correctora, aleccionadora; esa llamada ¿desde qué criterios las hace el comediógrafo? Según el minucioso análisis que de cada una de las comedias estrenada por Ruiz Iriarte hace Lendínez, los criterios del autor son positivos. La unión y la solidaridad prestan al individuo la fuerza de la que carece aislado. No hay que acudir a la lucha para remediar los males de la sociedad, sino al amor. Este y la unión familiar cons-

12

tituyen los aglutinantes de la sociedad. ¿Y qué es la familia sino el eslabón básico, la célula intocable, aunque se haga la crítica de las relaciones familiares mal enfocadas?

Contra el sentimiento de la soledad esgrimirá Ruir Iriarte el sentimiento de la soledad compartida. El amor es una fuerza real y positiva, es todo un fin en sí mismo. Por eso «al final—de sus complicadas situaciones—siempre queda como un triunfo del amor sobre todo lo demás.» Así es el amor principal motivo de no pocas de sus comedias, el eslabón para unir a los individuos en la sociedad.

Ante el adulterio, Ruiz Iriarte asume—descubre el profesor Lendínez—una posición típicamente española, el diferenciar el que comete el hombre del que comete la mujer, aunque, claro está—y ésta es una puntualización de mi particular minerva—ni uno ni otro son realmente cometidos, ya que en tal caso la obra no sería aprobada por la censura antes de la leve apertura temática que hay que registrar en estos dos últimos años y sin la cual Ruiz Iriarte no habría podido estrenar su última pieza, «Historia de un adulterio». Hay todavía en las sugestiones relacionadas con el adulterio actitudes benaventinas en el autor de «El carrusel»; pero, de todas formas —y ésta es también observación personal—, Ruiz Iriarte es mucho más realista cuando tropieza con este escollo que López Rubio, en «Celos del aire», o que Neville, en «El baile», donde se trata de adulterios angélicos de puro imaginarios.

Hay una ideología burguesa, pues, en Ruiz Iriarte, puesto que siempre aboga por soluciones de una moral establecida, puesto que el fondo de sus descripciones críticas es constructivo, positivo su sentido, puesto que hay una explícita condenación de los vicios, nunca extremados en la atmósfera tenue y delicada que el comediógrafo produce en sus obras. Obras cuyos temas son el amor, la familia, las relaciones sociales y la aparición de nuevas normas y costumbres en la sociedad española que se describe y critica.

Tenemos que entender, por tanto, que el profesor Lendínez, al hablar de «crítica social», se refiere a la crítica de un sector de la sociedad española contemporánea, el burgués, el de la alta clase media, visto en sí mismo, en sus relaciones internas, pues el ensayista anota certeramente que apenas si hay obreros en la obra de Ruiz Iriarte que no sean de algún modo angelizados, aseptizados, y que no se establecen contactos ni roces entre dos capas sociales, en donde, concluyo yo, hay más bien crítica de la sociedad—fragmento de la sociedad—que crítica social en el sentido de lo que tienen de conflictivo las relaciones de distintos segmentos sociales.

El valor testimonial de la delicada obra de Ruiz Iriarte se pone de relieve en el fino análisis de sus obras, que Lendínez considera desde la construcción, desde la estilística, desde el lenguaje en sí mismo y desde la moral del autor. En rigor habría que llegar a una conclusión, que a mí me parece muy importante y que si el profesor Lendínez no expresa, deja implícitamente planteada a la agudeza del lector: la de que no hay evasión en el teatro de Ruiz Iriarte, puesto que es testimonial, sino una elusión impuesta por dos condicionantes ineludibles. El hombre es feliz si sale de sí y es otro, sostenía Evreinov, idea que tiene una curiosa contradicción en la gran novela de Pirandello, «El difunto Matías Pascal», en la que el autor de «Así es si así nos parece» demuestra que Matías Pascal no pudo ser feliz habiendo conseguido ser otro, porque lo que le faltaba es lo que en cierto lenguaje filosófico, grato a Unamuno, llamaríamos su mismidad. El público de Ruiz Iriarte no se evade, puesto que no se halla ante otro, sino ante sí mismo. Hay un compromiso entre el arte de Ruiz Iriarte y la realidad que nos incita a arrancarle de la rejilla destinada al teatro de evasión, aunque nos suscite el delicado

14

problema de reclasificarle, cosa que habría que hacer a la luz de sus diferentes comedias, ya que en ellas, como finamente descubre el profesor Lendínez, hay variedad de formas, de temas y de actitudes dentro de una clara unidad espiritual.

La bibliografía manejada por Lendínez Gallego es rica, en algunos casos algo inactual. La metodología es correcta, bien sistematizada, como de intelectual que ha afilado sus armas con diplomas y títulos académicos adquiridos en universidades extranjeras, enriquecedores de su formación universitaria española. Yo sugeriría al escritor que practicara una nueva cala en la obra de Ruiz Iriarte desde el punto de vista de la sensibilidad de éste para con la mujer. Es notable la preponderancia frecuente de los personajes femeninos en sus comedias. Es elocuente que sus figuras más importantes, mejor trazadas, más vivas, sean esposas, como la Verónica de «Cuando ella es la otra», la Cándida de «Juego de niños», la Laura de «El café de las flores», la Rita de «El carrusel» o la deliciosa heroína de «La muchacha del sombrerito rosa».

Estamos ante un sereno replanteo de la significación de un autor, de su obra, liberado de comodines, de presunciones, de vanidades; atenido al estudio calmoso, objetivo, bien equilibrado, de sus comedias, y esto es lo que constituye una notable aportación al conocimiento de Ruiz Iriarte y a la mejor valoración de sus comedias en el contexto de una época difícil para el teatro español.

LORENZO LOPEZ SANCHO

EL AUTOR Y SUS ORIENTACIONES ESTETICAS

ÍCTOR Ruiz Iriarte nació en Madrid el 4 de abril de 1912. Realizó sus estudios de Bachillerato con los Hermanos Maristas; se dedicó algún tiempo a estudios de pintura y al periodismo. Dramaturgo, desde su primer éxito en 1943. De esta fecha en adelante, la producción teatral absorbe todo su tiempo.

Según la autorizada opinión de Alfredo Marqueríe [1], Víctor Ruiz Iriarte «es un comediógrafo que iba para dramaturgo, pero que se quedó a mitad del camino, o porque le asustaron las dificultades que iba a encontrar, siguiendo las rutas más peligrosas, o porque tal vez su verdadero fondo o temperamento, su «yo» teatral puro e insobornable, estaba más cerca del costumbrismo que de la tragedia».

---

[1] MARQUERÍE, Alfredo: *Veinte años de teatro en España*. Editora Nacional. Madrid, 1959, pág. 169.

En efecto, podemos comprobar que sus obras primeras anuncian una preocupación por los grandes problemas, sabiamente tratados con humorística e irónica forma y que incluso se elevó a más altas ambiciones con *Los pájaros ciegos,* drama escueto y sin concesiones.

Más adelante, la tónica de su obra nos la da la farsa, que si ofrece una belleza literaria y aun poética en innumerables ocasiones, se adentra más en un estudio de costumbres, en un juego de efectos de menor altura, en las cuales el aspecto grotesco es más perceptible y acentuado que el humano, y donde se rompe de manera brusca el equilibrio entre lo dramático y lo jocoso.

No presentan el hondo carácter de verosimilitud exigible para que alcancen la categoría de comedias, y tampoco la de dramas, porque el tema hondo, profundo, no se afirma, sino que aparecen bosquejos, insinuaciones, símbolos de temas o ideas serias y solemnes de un modo breve, fugaz en unas frases aisladas, en un diálogo cortísimo, en una escena minúscula, salvo la sorpresa de su obra *El Carrusel,* de la que trataremos más adelante.

No pretende Ruiz Iriarte en su público ni el llanto ni la carcajada, sino la sonrisa comprensiva y ligera, que brota de la contemplación de un teatro optimista y fugaz.

Sus juegos de frases y situaciones, ese ingenioso planteamiento que da al traste con lo que parecía lógico en el desarrollo de la acción, la sorpresa que encanta al espectador al ver el inopinado giro que la obra toma, son recursos que maneja con soltura y habilidad.

Hace alarde de una belleza poética en la expresión lírica y tierna, con limpio humor y originalidad, gracejo y galanura en los parlamentos, que consigue efectos justos sin caer en la sensiblería ni en lo pedantesco o rebuscado.

La preparación literaria de Víctor Ruiz Iriarte se revela en los influjos que su teatro manifiesta de la obra de Benavente, Casona, Arniches y Jardiel Poncela, así como del nuevo vodevilismo francés, y ciertas semejanzas con la técnica que Roussin despliega, apareciendo algún atisbo de Bernard Shaw.

Trata sus personajes con delectación cariñosa, a veces con leve matiz burlón, y en ocasiones las eleva en su afán de altura, pero no las fuerza al salto peligroso y audaz, que si, de una parte, podría conseguir mayor valor y enjundia en la obra, ofrecería la posibilidad de una catástrofe sin remedio, abocando al drama que él intencionalmente soslaya.

Todo queda en una placidez risueña, en una sonrisa comprensiva por parte del espectador que ha presenciado complacido el desarrollo de la obra y su peripecia, en la cual, debidamente dosificados, el garbo de la acción y el humor de la intención no le han obligado a discurrir demasiado, a indignarse violentamente ni a sufrir sin necesidad; pero ha sembrado en él las ideas que pretendía presentarle.

Tal vez sea éste el mayor éxito de su teatro, como rendimiento de taquilla; pero, sin duda, constituye el mayor escollo para que su obra adquiera el tono trascendente a que sus dotes pudieran haberle conducido.

Sin embargo, si, como muy bien dice Pérez Minik en su *Teatro europeo contemporáneo* [2], «Ruiz Iriarte forma con López Rubio y Edgar Neville un equipo de formas y temas teatrales de indiscutible personalidad», podemos afirmar con él que «de ninguna manera se les puede tomar en broma», ya que «sus héroes, sus asuntos y sus modos de ser presentan un alto tono de creación y trabajo, su maestría es bien concreta si percibimos sus

---

[2] PÉREZ MINIK: *Teatro europeo contemporáneo*. Ediciones Guadarrama. Madrid, 1961, pág. 449.

obras desde cualquier lado psicológico, poético o desde el simple o complicado juego de máscaras».

Torrente Ballester [3], al hablar de Víctor Ruiz Iriarte, dice: «Cultiva eso que ahora se llama teatro de evasión, denominación que traemos aquí sin la menor intención peyorativa. Queda con ella indicado que el teatro de Ruiz Iriarte maneja elementos de la vertiente amable de la vida y que la evasión o escapatoria de su teatro es una puerta abierta a lo lírico, a lo delicadamente cómico, a lo amablemente satírico. Ruiz Iriarte insiste, ante todo, en los valores dialógicos; pero se advierte en su teatro una atención cada día mayor a la construcción teatral. Sus comienzos los presidió el ejemplo de Casona con *El Puente de los Suicidas* (1944), del que se desprendió en obras sucesivas».

De las influencias, de herencias teatrales, no haremos un estudio demasiado profundo por escaparse del objeto del presente trabajo.

En el futuro, no muy distante en tiempo, la obra de Ruiz Iriarte se levantará como uno de los documentos más veraces para conocer una época y darle un sentido recto. En estos momentos, en España, el teatro se replegó a zonas íntimas del espíritu y de la vida o, por el contrario, a lugares abiertos a la evasión exterior, divertidos, contrarios a la individualidad y de fácil acceso a las masas.

Ruiz Iriarte, sin comprometerse abiertamente con ninguna de estas dos tendencias, pudo sacar jugo y provecho de esta coyuntura histórica—eran días de nuevos cauces—, y nos dio lo mejor que se podía hacer para documentar la vida española, rozando ligeramente la que podía ser de matices políticos, sin llegar a una preocupación visible.

---

[3] TORRENTE BALLESTER: *Panorama de la literatura contemporánea.* Madrid, 1956, págs. 401-2, I).

LO SOCIAL COMO TEMATICA

L o social presenta multitud de facetas dife-
renciadas, cada una de ellas harto interesantes y, por lo mismo, merecedoras de pres-
tarle nuestra atención.

Así, afirma Spencer [1], vemos lo social y su desarrollo
«en el desenvolvimiento de la tierra, sea en el de la
vida sobre su superficie, sea en el de la sociedad, del
gobierno de ella, de la industria del hombre, del co-
mercio, del lenguaje, literatura, ciencia, arte; esto es,
desde los primeros cambios que pueden señalarse hasta los últimos resultados de la civilización».

---

[1] SPENCER, Herbert: *El progreso, su ley y su causa.* Trad. de
Miguel de Unamuno. La España Moderna. Madrid (sin fecha),
pág. 7.

Y, de otra parte, Giddings Franklin [2] afirma que «el problema social se refiere a un asunto tan vasto que no podría responder a ningún objeto concreto».

Abundando en esta misma idea, sostiene Elwood [3]: «Lo social es tan amplio, que en sí constituiría la base de multitud de observaciones, las cuales, debidamente contrastadas y sistematizadas con arreglo a las leyes de la investigación científica, darían lugar a un número ingente de ciencias diversas.»

Gabriel Tarde de esta misma opinión, que manifiesta paladinamente en el prólogo de la primera edición de su obra *Las Leyes de la Imitación* [4]. «La sociología pura, lo mismo que la denominada sociología general, posee leyes, tal como yo las comprendo, que se aplican a todas las sociedades actuales, pasadas y posibles, como las leyes de la fisiología general a todas las especies vivientes, extinguidas o concebibles, y que tienen una magnitud insospechada a causa del casi infinito número de hechos que abarcan.»

Y en su tratado *Estudios de Psicología Social* [5] amplía la idea: «Condensar y sintetizar las luces parciales encendidas por la gramática comparada, la mitología comparada, la economía política y las otras ciencias denominadas sociales que, cada una aparte, han emitido o balbucido leyes que, si bien imperfecta, todas deben ser tenidas en cuenta, no basta para conocer tanta complejidad de estudios como son precisos para conocer lo que se denomina el fenómeno social.

---

[2] GUIDDINGS FRANKLIN, Edmund: *Principios de sociología.* Traducción de Adolfo Posada. La España Moderna. Madrid (sin fecha), pág. 48.

[3] ELWOOD, Charles: *Principes de psychosociologie.* Giard et Brière. París, 1959, pág. 4.

[4] TARDE, Gabriel: *Las Leyes de la Imitación.* Trad. de Alejo García Góngora. Daniel Jorro. Madrid, 1957, pág. 17.

[5] TARDE, Gabriel: *Etudes de Psychologie Sociale.* V. Giard et E. Brière. París, 1958, pág. 26.

Max Weber afirma que lo social está formado por la realidad de la vida circundante en que estamos insertos. Hablar de «vida circundante» supone la existencia de un sujeto que vive y que, por tanto, se da cuenta de que vive, de que se encuentra entre otros sujetos que también viven y que, a su vez, son conscientes de que viven.

Es vida que se encuentra realizándose, por eso es vida. Pero llega un momento en que deja de ser vida en actividad para transformarse en vida realizada, objetiva, cristalizada, fijada ya definitivamente en las obras humanas que forman en su conjunto la civilización, la cultura y la historia.

Ambas clases de vida, la fluyente, real y dinámica, y esta obra de que hablamos, rígida, estática, ideal, se interrelacionan de manera ineludible y fatal, de tal modo que la una es causa y efecto de la otra, hasta tal punto de que no puede establecerse solución de continuidad entre ambas.

Por otra parte, como afirma Recaséns Siches [6], «cada uno de los individuos vive diferentes formas de vida, tanto en sí mismo como en su relación con los otros, y es preciso distinguir entre la forma de vida puramente individual y las formas de vida de origen colectivo, las que presentan múltiples aspectos diferenciales». El hacer u obrar individual es propio del sujeto como individuo mismo, es su propio vivir, la vida que vive originariamente y de modo auténtico, por su propia cuenta y riesgo. Es espontánea y se basta a sí misma. Perfila el tipo humano del introvertido, el de la vida interior.

A su lado aparece otro tipo de vida que obedece a estímulos externos. Se origina fuera del sujeto viviente;

---

[6] RECASÉNS SICHES, Luis: *Vida humana, Sociedad y Derecho.* Ed. La Casa de España. México, 1958, pág. 41.

pero nada en los demás sujetos que viven, ya sean tomados aisladamente, ya en su conjunto, desdibujándose la individualidad bajo el mando de lo colectivo.

Aparecen mecanismos que permiten la interiorización de la vida externa, entre los cuales ocupa un lugar destacado la imitación y el simbolismo colectivo.

Existe, así, por una parte, una vida fundada en una objetivación concreta de la vida humana, que está referida al obrar, al pensar o al querer de otro individuo determinado, que adoptamos como modelo o como ejemplo digno de asimilar. Su valor está en el reconocimiento de su prestigio, de la autoridad o del nimbo carismático que envuelve la personalidad.

Recaséns Siches afirma [7] que esto acontece «cuando el individuo toma como ejemplo la conducta de un Santo —San Francisco de Asís—, o de un héroe—el general que imita a Napoleón—, o de un maestro—el escritor quiere imitar el estilo de otro que le parece muy bello—, de un amigo—que se considera leal, sensato o enérgico—o de un extraño—que admira por su apostura—».

Aquí tenemos la raíz profunda de la influencia que los personajes presentados por sus autores en la creación teatral tienen sobre cada uno de los espectadores, cuyo conjunto forma el público que llena la sala.

Hecho este inciso, que revela el influjo poderosísimo que la acción teatral ejerce sobre quien presencia la obra, sigamos en el estudio de la amplitud que lo social ofrece en la amplia gama de la realidad de la vida humana y que tiñe de esta misma amplitud la ficción teatral.

Hemos de admitir con Ortega Gasset que existe, ade-

---

[7] RECASÉNS SICHES, Luis: *Vida humana, Sociedad y Derecho.* La Casa de España, México, 1959, pág. 55.

más de la vida individual a que hemos hecho referencia, otra forma de vida claramente colectiva, en cierto modo impersonal, desindividualizada, anónima, que se debe «a la influencia de los demás, de la gente», como muy bien dice nuestro eximio filósofo.

No podemos, pues, en manera alguna, restringir el estudio de «lo social» al aspecto que se ha denominado «la cuestión social», haciendo referencia a la lucha o antagonismo de las llamadas «clases sociales» o estamentos de la sociedad, establecidos según un mayor o menor índice económico.

Ciertamente, ésta es una faceta que debe tenerse en cuenta, ya que da lugar a un teatro que estudia las estructuras sociales, ahonda más o menos en el drama humano que de ellas se derivan y después apunta soluciones radicales o evolutivas que se pudieran aplicar.

Llega incluso a surgir en esta línea el teatro de ataque y de contraataque, de revolución y antirrevolucionario, donde la acción partidista se ve servida por el diálogo, en el que se intercalan gran cantidad de discursos y consignas políticas.

Así, pues, sin negar la importancia que esta modalidad ofrece, queremos apuntar otras muy variadas e interesantísimas que el amplio campo de lo social ofrece: *la institución familiar,* con los muchos problemas en ella implicados: relaciones de los esposos entre sí y de éstos con sus hijos, y viceversa; la situación de *la mujer en la sociedad;* las *relaciones hombre-mujer* y la evolución que estas relaciones han experimentado en el sentido de una orientación hacia la camaradería; el *amor* como impulsor de reacciones que tienen su actualización en la sociedad; los *tópicos* y *actitudes estereotipadas* que esta misma sociedad admite como axiomas irrebatibles; las *normas morales,* cuya trascendencia les viene impuesta por un Código supranatural y que el hombre no puede dejar de acatar, si no quiere que peligre su individualidad tanto como su inserción en la colectividad de que forma parte; los *usos y costumbres* admitidos en un determinado marco geográfico, pero que no tienen vigencia ni actualidad fuera de él, son otras tantas facetas a considerar y de las cuales no podemos prescindir en el estudio del teatro de Víctor Ruiz Iriarte, ya que sin todo esto su teatro quedaría totalmente desvirtuado y no tendría vigencia.

Si no prestásemos atención al análisis de cada una de ellas nos encontraríamos con que la apreciación de su obra quedaría mutilada, ya que todas tienen, según su mayor o menor profundidad, la importancia precisa para ofrecer la panorámica exacta de su producción teatral.

ANALISIS DE SUS OBRAS

PRESCINDIENDO de las influencias externas que pueda haber recibido el teatro de Ruiz Iriarte, y al considerar la ideología de su teatro, resulta sorprendente la coincidencia de sus temas que reitera en una y otra obra. Presta gran importancia a la doctrina moralizadora y pone al descubierto las costumbres en las que nuestra sociedad cae, defensa y equiparación de los derechos de la mujer, atención a las relaciones familiares de padres e hijos y a las ideas tradicionales anquilosadas. La enumeración aún podría continuar; pero nos interesa concentrar la atención en un motivo importante en la ideología de Ruiz Iriarte. Se trata de la sustitución de la idea del honor por la idea del deber. Ahora se antepone a aquel importante motivo de nuestro teatro del Siglo de Oro esta otra relación entre hombre y mujer, que se apoya en la conciencia moral del individuo a través de convencionalismo de la sociedad, que es la más de las veces la que supedita la reacción final del individuo.

No le importa el lugar de la acción, ni para en mientes cuando repite lugares de provincia que ayude a la sonrisa al mencionar nombres que de antemano sabe el autor que van a producir hilaridad.

Al parecer hay conflicto de ideas, y no de palabras; pero en cualquier momento de la obra puede llegar a una nivelación sin predominar ninguna de las dos.

Encontramos tonos doctrinarios y moralizadores sometidos a la verdad escénica, a la que supedita conveniencias sociales y estéticas.

Se puede distinguir como un crescendo en las líneas generales de su teatro, especialmente en lo que se refiere a exponer con mayor crudeza lacras y vicios de la sociedad de nuestros días.

La crítica y el público aplaudieron en abundancia la producción de Ruiz Iriarte; quizá contribuya a ello que los temas están escogidos de la vida diaria y sus personas pueden estar idealizados sin llegar a producir tipos fuera de la realidad.

Se nota una elaboración meditada que está compensada por la frescura del diálogo, y hay veces que usa la fábula para su plan docente.

UN DIA EN LA GLORIA

Farsa ingeniosa, que revela influencias de Bernard Shaw,
se estrena en el teatro Argensola, de Zaragoza, el 23 de
septiembre de 1943, y en el Español, de Madrid, por
el cuadro del T. E. U., el 4 de julio de 1944, con el
siguiente

REPARTO

El Chambelán de la Gloria ...	José Franco.
El Heraldo	Augusto Domínguez.
Sara Bernhardt	Cecilia Ferraz.
Juana de Arco	Mary Campos.
Ella	Angelines Campos.
Don Juan	José Luis Heredia.
Napoleón	José Luis López.
El famosísimo Robert Larry.	Domingo López.
Diego Corrientes	Bernardo S. Toscano.

ARGUMENTO

El Heraldo llama a los hombres al amanecer con su
sonora trompeta, convocándoles a la Gloria, y para que
se sientan impulsados a alcanzarla.

Ninguno escucha sus notas vibrantes: los hombres, al
morir, van al Cielo o al Infierno, también al Limbo;
pero ninguno siente afanes de llegar a la Gloria, «donde están la inmortalidad y la fama».

Desfilan algunos personajes que exponen sus persona-
les ideas sobre la importancia que el fenómeno va ad-
quiriendo.

El Chambelán declara su opinión sobre la Gloria, afir-

mando que es «un capricho de las multitudes», y que
por ser éstas veleidosas, pueden negarla o concederla
sin fundamento serio. A pesar de ello afirma que «la
Gloria es maravillosa» y que, en realidad, «somos los
hombres los que no tenemos importancia».

CRITICA

El interés de esta farsa radica precisamente en el contraste entre el brillante sueño que presenta ufano el Heraldo y el poco aprecio que de la grandeza de la Gloria hace el hombre actual. Con humorismo sutil que
arropa una muy delicada crítica de las pequeñas y grandes vanidades humanas, Víctor Ruiz Iriarte hace des-
filar por el escenario las figuras de personajes históricos
o legendarios, con sus cualidades y merecimientos más
destacados que les han hecho acreedores a reinar en esta
Gloria, un poco convencial y bizarra.

En escalonadas y bien dosificadas afirmaciones va mon-
tando su teoría personal sobre qué sea la Gloria, antes
tan deseada de los hombres y en la actualidad tan me-
nospreciada.

Hace una distinción entre la Gloria y el Cielo, afirmando que la primera es la forjada por el sueño y la
ilusión de los hombres y el recuerdo que en los vivos
queda, en tanto el Cielo es el premio que da Dios a
los Santos.

Establece el gran conflicto que se ofrece a los personajes históricos cuando sus vidas son llevadas a las
pantallas cinematográficas y cuya Gloria queda anulada
por la que gozan los artistas que los encarnan, ya que
éstos viven más realmente en la admiración de las multitudes que contemplan la cinta, encarnándolo en Napoleón y el actor Robert Larry que lo representa en

una película sobre su vida. Afirma que paradójicamente, la Gloria es maravillosa, a pesar de que los hombres que la habitan «apenas tienen importancia», pues ésta disminuye o no se acrecienta, según el gusto caprichoso o voluble de las gentes.

EL APRENDIZ DE AMANTE

Se trata de una comedia estrenada en el teatro Eslava, de Valencia, el 27 de noviembre de 1947, y en Madrid, teatro Infanta Isabel, el 16 de abril de 1949.

REPARTO

Catalina	Carmen Carbonell.
La Desconocida	Pilar Bienert.
Gaby	Antoñita Mas.
Felisa	María Luisa Arias.
Cecilia	Amparo Cervera.
Juana	Celia Foster.
Una camarera	Carmen Tejada.
Otra	Carmen Romero.
Andrés	Antonio Vico.
El maître	José Alburquerque.
Tomás	Julio San Juan.
Un botones	Carmelo Gandarias.
Otro	José María Arenas.

JUICIO

Puede considerarse un «vodevil blanco», sin triángulo, ya que los trucos de imaginación y apariencia de pecado son los que únicamente ponen picardía al argumento, pero sin tener una realidad concreta.

Es interesante el juego teatral, sobre todo en las escenas de dos personajes, en los que la altura se mantiene por la belleza del diálogo y elevación de las ideas.

Aun cuando el personaje central de ningún modo puede ser considerado como nuestro arquetipo ideal, la expresión literaria de nuestro carácter, idiosincrasia o modo de ser peculiar, se gana pronto la simpatía del español medio, que desde su butaca del teatro le contempla con agrado, pese a la tópica y nunca bien ponderada soberbia del hidalgo que proverbialmente y por definición este mismo español ostenta.

Víctor Ruiz Iriarte posee el acierto que esta comedia explícita, de presentarnos inserto en la vida actual, y en la diaria peripecia del vivir cotidiano, este típico personaje que conocemos desde Cervantes y volvemos a encontrar en Galdós y Arniches.

ARGUMENTO

El protagonista, Andrés, hombre tímido, que confiesa ser «un pobre hombre», se casa en dos meses de noviazgo con Catalina, que le cree un Don Juan irresistible y que, por ello precisamente, se ha enamorado de él.

La noche de bodas descubre su verdadera personalidad y ella se siente defraudada, exigiéndole que aparente ser un conquistador para que la sociedad no se burle de ella.

Andrés, lleno de buena voluntad, lo intenta; pero se aburre soberanamente de fingir una vida de calavera que no le va, ni a su carácter ni a su propia comodidad y bienestar personal.

Explica a su esposa que él está enamorado de una María Luisa ideal, que jamás tuvo realidad más que en sus pensamientos, y que se marcha a vivir a Burgos la vida recta y morigerada que anhela.

Catalina, para admirar a sus amistades, inventa que se ha fugado «con una princesa». Esta falsa noticia llega a Burgos, donde hasta el secretario del gobernador, que está alarmadísimo creyéndola cierta, telefonea para «rogarle, de parte de su excelencia, que guarde compostura mientras está en Burgos».

Allí todas las mujeres se enamoran locamente de él por su fama de conquistador, y aparece «La Desconocida», que, fingiéndose María Luisa, su ideal, pretende «quedarse a su lado para toda la vida».

Enterada Catalina por Germán, primo de Andrés y amante de Catalina, viene a Burgos para impedirlo. Se da cuenta de que la única cosa que merece la pena es el amor de su esposo, y se dispone a iniciar su luna de miel en la vieja casona, como si aquélla fuera su noche de bodas, y los tres meses transcurridos, un mal sueño.

JUANITA VA A RIO DE JANEIRO

Es, como afirma Víctor Ruiz Iriarte, «una breve pieza escrita para ser representada en una de aquellas veladas —que muchos recordarán todavía—del pequeño teatrito de Cámara privado que dirigía José Luis Alonso en casa de Mañes».

María Paz Molinero y Miguel Narros, dirigidos por José Luis Alonso, fueron admirables intérpretes de la obra.

Con un diálogo vivo, intenso, ágil y profundo, sin empalagosos términos, nos descubre el profundo drama que enturbia las vidas jóvenes cuando cometen su primer pecado.

Las lógicas reacciones de sus dos únicos personajes le prestan fuerte calor de humanidad que penetra en el espectador de manera directa por su fuerte realismo y el vital problema que plantea.

La complejidad del alma humana, con su ininterrumpida carrera de deseos y sueños, de ilusiones y desengaños, de anhelos infinitos y realidades torpes, se alumbran con la clara luz del pensamiento del autor, que acierta a esclarecer todo ese confuso mundo del hombre que rara vez sale del subconsciente, pero que tan definitivamente influye en el obrar humano y tan imprevistas actitudes le hace tomar a la criatura que se encuentra rebasada por la misma fuerza de su terrible poderío.

A pesar de tratar un tema crudo, áspero, fuerte, las frases son limpias, poéticas incluso, mientras Juanita no ha despertado del dulce sueño de amor en que el cariño hacia Jorge la tiene sumida.

Su violenta, humanísima, reacción final, al darse cuenta del abismo hacia donde puede llevarla el grave pecado que Jorge le ha hecho cometer, tiene una hondura y profundidad realmente admirables.

Ese cruel, áspero y rudo despertar del dulce sueño de amor en que su alma estaba adormecida ofrece toda la desgarrada hondura de la ofensa que a su buena fe de mujer enamorada ha hecho el egoísmo brutal y torpe del hombre que no ha sabido dominar su pasión en homenaje a su feminidad y pureza.

ARGUMENTO

Juanita, joven bonita y graciosa, ha pasado su primera noche de amor con Jorge en una dudosa casa de las afueras. En su inocencia manifiesta que el haberse entregado a su novio no le produce ningún remordimiento. Esta confesión exaspera al muchacho, que la trata duramente por aceptar con tan gran gozo esta ambigua situación, en aquel momento crucial de sus vidas.

Ella continúa en su actitud ingenua, y le dice si no «se va con ella a Río de Janeiro», frase que desde pequeña emplea «cuando cierra los ojos y tiene un sueño bonito».

El la hace ver que lo que acaban de cometer ni es un sueño ni tiene nada de bonito, sino, por el contrario, algo que es pecado y que origina el vicio y el remordimiento.

El amor que hace pocos momentos sentía por ella, el deseo y el anhelo de su posesión, conseguida ésta, se han trocado en indiferencia y hasta en repulsión y asco.

Ella comprende el doloroso cambio verificado en los sentimientos de él y se dispone a salir, derrotada, dolida, completamente consciente de la infamia de él y de su propia degradación personal, dispuesta a ser desde aquel momento «mala, muy mala», como afirma en una última frase plena de dureza y de rencor.

Las lágrimas de despecho, de impotente rabia, de vergüenza tal vez, que ella derrama desconsolada, obran el milagro de purificarla a los ojos de Jorge y de conseguir de él un aprecio que pareció perder momentos antes para siempre.

EL LANDO DE SEIS CABALLOS

Farsa en dos actos, estrenada en el teatro María Guerrero, de Madrid, por la compañía del teatro Nacional, que dirigen Luis Escobar y Huberto Pérez de la Ossa, el día 26 de mayo de 1950, con arreglo al siguiente

REPARTO

Chapete	Gabriel Miranda.
Doña Adelita	Carmen Seco.
Simón	Miguel Angel.
Pedro	Gaspar Campos.
Margarita	Cándida Losada.
Rosita	Amparo G. Ramos.
Isabel	Elvira Noriega.
Florencio	José M. Rodero.
El Músico	Ricardo Lucía.

La escenografía, de Fernando Rivero, y la dirección, de José Luis Alonso.

ARGUMENTO

Cuatro de los personajes de la farsa, Chapete, Simón, Pedro y Doña Adelita, viven, desde hace unos cuarenta años, una vida imaginaria, mezcla de locura y de pueriles ilusiones, como Doña Adelita confiesa: «Aquí dentro vive todo lo que vive en la imaginación de Chapete», «porque los sueños no son más que un juego, nosotros hemos hecho que toda la vida sea un juego», y «Chapete ha sido muy feliz».

El viejo Duque, a cuyo servicio estaban hacía años estos cuatro personajes, conociendo que pronto llegará su fin, escribe cuatro cartas para que al menos una de ellas llegue a manos de la persona capaz de continuar la piadosa tarea de hacer felices a los viejos sirvientes.

Doña Adelita, que recibió las cartas de mano del Duque, se las entrega al Doctor para que éste las haga llegar a quien crea que reúne las condiciones necesarias para quedarse en la vieja mansión proporcionando a sus moradores la felicidad que en ella disfrutan.

El Doctor, Carlos Figueroa, las envía a su amigo Florencio, a su prima Isabel, que acepta gozosa el encargo; a Rosita y Margarita, que lo declinan por no creerse con fuerzas para encerrarse entre aquellas viejas paredes.

Una dulce felicidad, hecha de ilusión y fantasía, llena los corazones de Florencia e Isabel cuando conducen el legendario landó, en el que gozosamente han tomado asiento los cuatro viejecitos cantando felices el viejo romance «¿Donde vas, Alfonso XII?».

CRITICA

Aquí irrumpe con más fuerza que nunca esa evasión que asciende a terrenos poéticos y literarios, hechos comunes que enmascaran un fondo moral bien matizado. El espectador no siente ninguna violencia ante injusticias sociales que en otro autor serían gritos. El público se siente feliz y alegre, aunque va escuchando todo lo que un auditorio realista acogería sin pena ni gloria.

El juego de sus personajes al retener y detener momentos felices de sus vidas los hace una especie de niños ilusionados, ausente de la realidad. Este es el arte del autor para hacernos ver cómo la vida destroza ilusiones y la sociedad exige de nosotros papeles opuestos a los que por naturaleza estamos encauzados.

Los héroes favoritos de los mortales son vehículos con los que Ruiz Iriarte monta su comedia, que no obedecen a calendarios ni relojes, imprimiéndoles una especie de locura—otra manera de evasión—, consiguiendo símbolos humanos, con una desmesurada ambición de felicidad. Los cuatro primeros personajes se engañan porque quieren o, mejor dicho, quieren ser engañados; las restantes figuras de la ficción quieren convertir en verdad la aspiración soñada, y cuando llega el momento en que se sienten defraudados, se dedican a perseguirse para conocer quién es el que inventó la farsa que les llevó a un cauce de sueños para despertarles cruelmente cuando más enredada estaba la trama.

El autor, repitiendo fórmulas, nos vuelve a presentar las vivencias de los años de niñez, quizá para rodearnos de acentos puros y dando una huida a la realidad tangible, soslayar las ingratitudes de la convivencia humana.

La farsa tiene el mérito de entrecruzar personajes de hoy—Isabel, Margarita, Rosita, Florencia y el Músico—, con sus aspiraciones, sueños y deseos actuales, y seres de un ayer no muy lejano, pero sí definitivamente acabado—Chapete, Doña Adelita, Simón y Pedro—, con sus propias y peculiares ensoñaciones, fantasías y hasta obsesivas fijaciones.

Y de este cruce de personajes actuales y pasados, en diálogos de entrañable infantilismo y jugosa delectación, surge el revuelo de humor y poesía que Víctor Ruiz Iriarte deseaba campearan en su obra.

Pertenece al teatro de evasión, que este autor cultiva, elevándose de la realidad prosaica y tangible al mundo amplio y risueño de la ensoñación y la fantasía.

Gracias al empleo de un vocabulario poético y grácil de la utilización de ciertos elementos inesperados, como son concretamente el empleo de los globos de colores, la entrada del árbol en el escenario y, sobre todo, el fingido landó construido con los muebles de la sala, juntamente con la elección del tema, el autor logra de una manera insensible, pincelada a pincelada, efecto tras efecto, paso a paso, convertir al espectador realista en espectador poético.

De tal manera está medido y calculado este proceso por el magnífico oficio de comediógrafo que Víctor Ruiz Iriarte posee, que en ningún momento se advierte esta sutil transformación, sino que la obra aparece como un todo completo y compacto, que gusta, conmueve y divierte al público.

Podríamos calificarla, más que de comedia, de poema, donde con dulzura y belleza sin igual se mezclan la sonrisa y la gracia, la nostalgia y la fantasía, que la envuelven como un velo sutil de encanto sin igual.

En la acción, la intriga mantiene el interés y la curiosidad de los espectadores, que esperan impacientes el desenlace cautivador.

La gracia y fuerza del diálogo aparecen como fruto constante del ingenio del autor, que mezcla con acierto singular las frases humorísticas y entrañables, que alcanzan la risa y la sonrisa del público, respondiendo a la ternura y poesía que el diálogo ofrece.

Sus personajes en esta farsa han conseguido detener sus vidas, detener el tiempo y aprisionar para toda su eternidad los días felices de sus ilusiones, sus amores y sus vanidades, que tienen por siempre ya, para ellos, una realidad actual y presente que no les será arrebatada.

Isabel, una mujercita soñadora y novelera, pura y abnegada, responde a la dulce misión que desde la otra vida le encomienda el Duque: hacer la felicidad de aquellos viejecitos ingenuos, instalándose en Las Colinas para convertir aquella vieja mansión en «una casa limpia y alegre, donde esos ancianitos llenos de ilusión vivan los más bellos años de sus vidas».

Y con esta resolución plena de generosidad y altruismo consigue también su propia felicidad al lado del hombre a quien ama.

¿No parece que Víctor Ruiz Iriarte quiera con este detalle indicarnos que el mejor, que el único camino para conseguir la felicidad propia es el de preocuparnos por forjar la felicidad ajena?

Maravillosa lección, cuyo profundo contenido tan constructivo sería para aliviar la situación del mundo actual, donde la vida toma caracteres feroces por el egoismo de los hombres.

EL GRAN MINUE

Constituye lo que el autor denomina «farsa-ballet», estrenada en el teatro Español, de Madrid, bajo la experta dirección de Cayetano Luca de Tena, el día 8 de didiciembre de 1950, con el siguiente

REPARTO

Diana de Lenoir	Elena Salvador.
El preceptor	Alberto Bové.
Marieta	María Jesús Valdés.
Celia	María Jesús Jorge.
Inés	Maruja Recio.
Lucía	Julia Delgado Caro.
El maestro de música ...	Rafael Gil Marcos.
Un criado	José María Orna.
Nicolás de Gravelot ...	Guillermo Marín.
Valentín	Gabriel Llopart.
Angélica	Esperanza Grases.
La Duquesa	Adela Carboné.
Lisseta	Cándida Losada.
Noble 1.º	Miguel Miranda.
Noble 2.º	José López Martín.
Noble 3.º	Juan Martín Peña.
Noble 4.º	Guillermo Fernández.
Dama 1.ª	Josefina Rizo.
Dama 2.ª	Paulina Aparicio.
El Gran Chambelán ...	Paulino Alvarez.
Antolín	Carmelo Pestaña.
Cándido	Alberto José Pestaña.
Domínico	Pepito Martínez.
El Rey	José Capilla.
El bravo mariscal	Manuel Kayser.
Ministro 1.º	José Cuenca.
Ministro 2.º	Fulgencio Nogueras.
Ministro 3.º	Miguel Miranda.
Ministro 4.º	Jacinto Martín.
Ministro 5.º...	Fernando M. Delgado.

Los decorados y figurines, de Vicente Viudes; la coreografía, de María Jesús Jorge, y las ilustraciones musicales, de Manuel Parada.

CRITICA

«Una de las más típicas obras del teatro de Ruiz Iriarte, en la que aprovecha toda oportunidad para discretear sobre la vida, el amor, la sociedad, la filosofía y otros tantos temas vitales, con los que mantiene el interés dialéctico de la pieza.» Así abre la crítica que en su día hizo el crítico Angel Zúñiga [1].

El mismo autor dice en su autocrítica que la denominación de «farsa-ballet» no responde a la apariencia puramente exterior de la obra. El sentido de ballet no se aplica porque en la acción surjan a veces unos pasos de danza dieciochesca y de cerca o de lejos lleguen al espectador unas deliciosas ilustraciones musicales del maestro Parada, sino porque en el ir y venir de la peripecia e incluso en el tono del diálogo hay como un eco o ritmo de ballet.

Hay un ir y venir sentimental que anima la acción de la farsa. Los personajes pueden ser muñecos de una caja de música que rompen a hablar y nos divierten, teorizando a veces con alguna fresca insolencia.

El siglo XVIII, localización temporal de la obra, nos da su tónica burlesca con un doble juego de la ilusión y de picardía.

La juventud sincera, apasionada e ingenua y la experiencia cínica, cauta e inteligente entablan un largo diálogo durante los tres actos de la obra.

---

[1] ZÚÑIGA, Angel: «La Vanguardia», Barcelona, 10 de diciembre de 1950.

Podría haber llegado a ser una obra de tesis pero se queda en un juego verbal, que al final sólo queda en moraleja.

Aunque el autor escogió una sociedad desaparecida, no por eso el factor humano, eterna constante, deja de ser de cualquier época. Aunque la mueca irónica de unas sociedades que hicieron sobre el vacío el salto de la muerte parezca que está en el pasado, por ese quedar de los defectos y virtudes de los humanos, bien puede repetirse una y otra vez.

La vena amatoria, a que es tan dado Ruiz Iriarte, está representada por el galán que después de la contienda quedará con una experiencia personal, que por seguir la filosofía del autor tendrá como un desencanto del vivir.

El punto vital de la comedia, que define el sentido de la obra, es en el momento cuando el primer ministro repara en el aldeano-poeta que se define por la moral. Es quizá en este aldeano donde Ruiz Iriarte hace hablar a su propio corazón y nos expone la tónica de toda su producción artística, dándonos, como siempre hace, una lección moral.

El final de la comedia nos muestra la contraposición de dos educaciones: la provinciana y la de la Corte; el personaje ingenuo y virtuoso en contraste con el medio ambiente corrompido.

Con una ambientación de primera mitad del siglo XVIII, en una Corte de Europa que no determina, inserta en la denominación «farsa-ballet», el autor se mueve dentro del marco, que él mismo construye, de lo poético y lo fantástico, de la danza y la música, que intencionalmente permanecen como parte sustancial de la obra y no como bellos aditamentos esporádicos.

El juego de humor y de burla, de imaginación y de fábula, de ensoñación y de galanura, cobran viveza radiante, plasticidad encantadora por la acertada matización escénica y el adecuado «oficio» teatral de que hace gala Víctor Ruiz Iriarte.

Con apariencia de frivolidad, de coquetería, de intrascendencia y de fino humor, encierra la obra un hondo problema que le da sentido y hondura, profundidad y trascendencia, humanidad y peso específico.

El cruce mágico que se establece entre dos interesantes personajes, el Primer Ministro de la Monarquía absoluta, Nicolás de Gravelot, y Valentín, el joven soñador que acude a la Corte con ansias de reforma, de perfeccionamiento y superación, fija la intención de la obra, que adquiere así una densidad insospechada.

La emoción kantina de la ley moral en su pura conciencia y el limpio cielo tachonado de estrellas abren el horizonte vital, que se despliega ante el ingenuo joven aldeano. Bajo la fría losa de un corazón cansado de vivir, con el peso de todas las nostalgias, de todas las frustraciones y de todas las experiencias de la vida pasada, el gran señor de Gravelot se fija en la figura del sincero Valentín.

En ella, como en límpido espejo de claro cristal, verá el cruce singular y mágico de estas dos personalidades tan dispares y, por ello, complementarias.

El choque entre juventud y experiencia, entre ilusión e inteligencia, constituye un juego verbal que gana enorme trascendencia a lo largo de la obra, y alcanza su punto álgido en el grave diálogo final de los dos personajes representativos. Con esto, la espumosa y chispeante farsa se convierte en algo más: en punzante y bella sátira, en ejemplar moraleja que con sutilidad tolerante y humana aporta su lección ejemplar.

La burlesca antología de la supuesta Corte da gracia viva, jocunda e hilarante a veces; da el marco sabiamente elegido para esta acertada obra semimoralista y semimaliciosa.

Aun cuando a primera vista pudiera parecer que transparenta una influencia molieresca, no creemos que la risa clásica, franca, amarga y honda del autor francés haya influido en el español.

Más bien pudiera ofrecer una semejanza con las ácidas gracias de Kromelick o las desenfadas piruetas de Cocteau, aunque opinamos que no presenta preocupación alguna de índole retrospectiva, pues ha conseguido su farsa con acertado sentido moderno, en la cual su aire fino y abierto más podría evocar las normas del gozoso y vital Couterline que de cualquier otro autor.

El clima frívolo en que la obra se desenvuelve por deseo deliberado de su autor no debe desorientarnos en la captación de las posibles intenciones que encierra, ya que éstas poseen una trascendencia y seriedad que le apartan de toda frivolidad e intrascendencia.

La belleza del cuento, con sus sonrisas, sus cuchicheos, sus ingenuas, desenfadadas o maliciosas frases, la alegría de los besos y la primavera de amor que siente la heroína de la fábula dan un encanto siempre renovado a la obra.

La farsa se eleva de tono y sentido con su bella poesía, que unas veces llega a conmover al espectador y otras le interesa profundamente, constituyendo su audición un puro gozo para el público, que se siente dichoso de contemplar esta obra bellísima.

ARGUMENTO

Diana de Lenoir, elevada a la categoría de favorita de una Corte europea imaginaria, en el siglo XVIII, va descubriendo los encantos y ventajas del poder que le otorga su belleza, influyendo sobre el rey absoluto.

Con ligereza infantil, pero con astucia innata, se da cuenta de que su voluntad domina la débil del rey y de que sus caprichos son órdenes que todos los súbditos acatarán sin rechistar.

Gravelot, el gran señor de Gravelot, Primer Ministro de la Corte, observa, estupefacto, la gran transformación que ha experimentado Diana en los tres meses transcurridos desde que el rey la encontró en el campo y se encaprichó de su belleza. Decidido a aprovechar en su propio beneficio este maravilloso cambio, hace un pacto con ella para permanecer siempre unidos.

Aparece *Valentín,* joven e ingenuo aldeano que tiene la pretensión de cambiar la Corte con morales principios que constituyen todo un programa político, y desea unirse a Diana para poder penetrar con esperanzas de éxito en la Corte.

En la recepción de gran gala que el rey organiza para presentar en su Corte a la favorita quedan frente a frente, solos, Nicolás y el señor de Gravelot, que en un ágil diálogo plantean el conflicto eterno de la lucha entre el Bien y el Mal, entre lo que es moral y lo que no lo es, entre los sueños de pureza y rectitud y las realidades de ambición y poder, entre la inocencia y el pecado, escena que da la mayor hondura y profundidad a la obra.

CUANDO ELLA ES LA OTRA

Farsa en tres actos, estrenada en el teatro Comedia, de Barcelona, el 27 de febrero de 1951, por la compañía de Antonio Vico y Carmen Carbonell, y en el teatro Infanta Isabel, de Madrid, el 12 de abril de 1952, con arreglo al siguiente

REPARTO

Verónica	Carmen Carbonell.
Patricia	Julia Martínez.
Mercedes	Reme Soria.
María	Manolita Henche.
Pepita	Carmen Villa.
Elisa	Carmen Romero.
Gabriel	Antonio Vico.
Bobby	Nicolás D. Perchicot.
Damián	José Alburquerque.

Los decorados fueron de Redondela, y la dirección estuvo a cargo de Antonio Vico.

ARGUMENTO

Verónica, mujer extraordinariamente enamorada de su esposo, Gabriel, con quien se casó hace diez años, ha cambiado de psicología totalmente al comprobar cómo a él le entusiasmaban las mujeres totalmente diferentes a la jovencita ingenua, tímida y algo «pazguata», como ella misma aseguraba que era durante los primeros años de su matrimonio.

Con una admirable fuerza de voluntad consigue ser una mujer moderna, decidida, emprendedora, activa y dominante, que lleva la dirección de la casa hasta en sus

55

menores detalles, a pesar de contar con numerosa servidumbre, y que considera meros caprichos sin importancia los deseos y aun mandatos de su esposo.

Al comprobar que Gabriel, harto de ser anulado por su absorbente personalidad, intenta fugarse con Patricia, joven insignificante, a quien se le conoce siempre un «protector» en el sentido peyorativo de la palabra, y con una absurda manía por la decencia, que enfoca desde un punto de vista moral totalmente acomodaticio, lucha desesperadamente por conservar a su esposo.

Inventa una graciosa estratagema, que le da buen resultado, y, enamorada sumisamente, propone ser desde ahora «la otra», de la que siempre se encuentra enamorado todo esposo no demasiado consciente de sus deberes.

CRITICA

Como es habitual en la obra de Víctor Ruiz Iriarte, los grandes problemas que la sociedad ofrece: el matrimonio, la moral, el amor, el «tercer hombre», la «tercera mujer»..., están tratados con la agudeza, sentido del humor y amable intrascendencia que requieren, para que las opiniones del autor penetren en la mente del espectador arropadas en una comprensiva sonrisa que brota de la gracia de las situaciones, la agilidad del diálogo, la viveza de las respuestas, la habilidad teatral, en una palabra, que le caracteriza.

La intención honda y profunda del autor se transparenta en frases como ésta, dicha por la enamorada Verónica a su esposo:

«Desde este momento quiero ser cada día la mujer que tú deseas. Para ti siempre puedo ser la otra...»

En ella vemos, a la par que una clara alusión al título

«El gran minué»

«La guerra empieza en Cuba»

de la obra, el resumen de la mejor lección de amor que, sin pretensiones de predicador, sin engolamientos de empachoso moralista, Víctor Ruiz Iriarte da a toda esposa: Ella debe ser, en cada momento, la mujer que el marido necesita. Y esta lección se desliza suave, pero firmemente, entre las numerosísimas mujeres que presencian la obra y estamos completamente seguros que consigue el propósito de su autor: que la mujer emplee con tal habilidad y discreción los resortes de su rica personalidad, que sea capaz de llenar en cada instante las apetencias de su esposo para conseguir la importantísima meta de la felicidad conyugal.

Para animarlas a intentar esa metamorfosis suprema les presenta el ejemplo vivo, actuante, de su heroína, Verónica, que de mujer «pazguata, tonta y ridícula», como a sí misma se califica al casarse, por amor a su esposo y en evitación de que se enamore de «las muy modernas que hacían deporte y jugaban a las cartas», que tanto parecían gustar a su esposo «siempre para no perderlo», consigue ser «al poco tiempo más atrevida que ninguna, ganando la carrera de automóviles, aprendiendo a montar a caballo, fumar muchísimo y beber un poquito».

JUEGO DE NIÑOS

Comedia estrenada el 8 de enero de 1952 en el teatro
Reina Victoria, de Madrid, con el siguiente

REPARTO

Cándida	Tina Gascó.
Maite	Victoria Rodríguez.
Manolita	Antonia Mas.
Rosita	Rosa Lacasa.
Ricardo	Juan Cortés.
Marcelo	Carlos Casaravilla.
Tony	Manuel Alexandre.
Manolín	Carlos Sánchez.

La dirección, de Fernando Granada, y los decorados,
de Víctor M. Cortezo.

CRITICA

La autocrítica del autor [1] nos dice que «es una comedia optimista y desenvuelta, escrita con alegría y con
afán»; es entre la alegre trivialidad y la honda trascendencia donde el autor consigue un admirable equilibrio, sin que sepamos distinguir cuándo es un juego,
una broma, o una abrumadora verdad humana.

El problema psicológico de estos tres personajes, que
con apariencias de intrascendencia nos expone el autor,
tiene una palpitante humana y una sinceridad meridiana.

La teórica impresionista ayuda al autor a ese escape de
la realidad, al que nos tiene tan acostumbrados, para

---

[1] Ruiz Iriarte, Víctor: «A B C», Madrid, 8 de enero de 1952.

desrealizar valores que de otro modo tendría que exponer crudamente, y entonces no sería Ruiz Iriarte.

Puede considerarse una de sus obras que más llega a las comedias de costumbre, por cuanto todo lo que en ella ocurre y se dice corresponde a la vida de nuestros días.

Doble juego éste, de inversión de los personajes, que responde a su técnica de no saber a qué carta quedarnos, si a la de la sonrisa o a la de la ternura.

De grandes vuelos poéticos, de apariencia sencilla, esconde un gran caudal de pensamientos y de reflexiones.

El amor de Cándida por su voluble esposo y el orgullo natural de que nadie vea que sufre por sus desvíos son la tortura más terrible a que su vida se ve sometida, unida a los celos tremendos que sufre al ver sus asiduidades para con cualquier otra mujer que no sea la suya.

Bien visto por el autor el problema afectivo que tal constelación sentimental ofrece, lo resuelve de manera graciosa y ocurrente con la sencilla treta ideada por la sobrinita.

Bruscamente, la actitud confiada y segura de sí mismo de Ricardo se cambia en la recelosa y suspicaz del hombre celoso, que teme el interés de su esposa hacia otro posible contrincante.

Este, encarnado en el anodino y al parecer insignificante profesor de francés, es el revulsivo necesario para que el esposo reaccione y vuelva al amor de su esposa, que tan frívolamente abandonaba con irresponsable superficialidad.

Al margen de la acción principal, los escarceos amorosos

de la sobrinita y los hijos muestran la incipiente coquetería de la joven y el afán de los muchachos por sentirse hombres adultos, a quienes se les da categoría y
personalidad.

Quizá Maite aparece demasiado conocedora de los problemas conyugales para su edad y para la superficialidad
que muestra en su carácter.

La lección moral viene determinada por la nueva conducta que el esposo, arrepentido, se propone.

ARGUMENTO

Ricardo, casado y con dos hijos, sale demasiado de noche, dejando sola con mucha frecuencia a Cándida, su
esposa, rotundamente enamorada de él.

Entre sus hijos, Manolín y Tony, ayudados por su sobrina Maite, urden una estratagema: dar celos a Ricardo con Marcelo Duval, profesor de francés en la casa.

El marido reacciona ante el temor de perder a su esposa y se muestra enamoradísimo de ella.

Mas como en aquel «juego de niños» ha puesto Cándida toda la ilusión de una aventura vivida por primera
vez al cabo de veinte años de matrimonio, aconseja a su
sobrina «que no juegue nunca con el corazón».

Marcelo, a su vez, confiesa que «se ha quedado como
un niño que ha perdido su juguete, su querido juguete».
Por su parte, la sobrina, que no deja que su primo se
comprometa con ninguna chica, se muestra enamorada
totalmente de él.

EL CAFE DE LAS FLORES

Es comedia en tres actos, estrenada en el teatro Reina Victoria, de Madrid, el 9 de octubre de 1963, con el siguiente

REPARTO

Laura	Tina Gascó.
Marta	Antonia Mas.
Cris	Victoria Rodríguez.
Rita	Conchita Sarabia.
Una muchacha	Lolita Gómez.
César	Carlos Casaravilla.
Gonzalo	Juan Cortés.
El señor Pepe	Julio Sanjuán.
El chico	Arturo González.
Un muchacho	Agustín González.

ARGUMENTO

César, artista pintor, algo señor y algo bohemio, duerme en la butaca de la terraza de un café instalado en un paseo público.

Marta espera impaciente a alguien, sentada en otra mesa; lleva una maletita.

Cris vendedora ambulante, ofrece su mercancía: cigarrillos, lotería, etc., a César, que la despacha furioso.

Aparece Laura, atractiva, lujosa y que no se marcha, aunque César se lo ordena, y que adquiere toda la mercancía de Cris.

Le hace confidencias: se encuentra muy sola.

Esta soledad es insoportable para ella. Decide entonces

61

que todos se vayan a su casa, donde gozarán de la felicidad de saberse acompañados y comprendidos unos por otros.

Estando en la casa aparece Gonzalo, que es el esposo de Laura y quien citó a Marta para «irse a Barcelona para siempre».

Laura se niega a que comunique a todos la verdad y continúa dándoles cobijo en su casa, a pesar de la equívoca situación en que el enredo les ha colocado.

Fortuitamente se enteran los demás personajes del lazo matrimonial que une a los protagonistas y abandonan la casa todos, menos Cris, que se convierte en la realidad del sueño maternal que siempre abrigó Laura, quedándose en la casa como hija suya.

CRITICA

El sentimiento de soledad que tanto aterra al hombre es el móvil principal de la obra. Analizar qué reacciones produce en cada uno de los personajes que Víctor Ruiz Iriarte coloca con su habitual maestría sobre el escenario es objeto inmediato de tarea de esta comedia.

Ni el dinero, ni la elevada posición, ni la belleza, ni la inteligencia, ni el talento artístico, ni un hogar confortable, nada puede llenar el corazón humano si la persona que lo posee se cree sola.

Y este problema de la soledad y su posible solución da al autor base para construir una comedia ágil, movida, en la que el interés no se pierde ni un solo momento, pues la gracia de las situaciones viene reforzada por la curiosidad que se acentúa en el espectador a través de los numerosos incidentes que las variadas peripecias provocan.

LA CENA DE LOS TRES REYES

Esta comedia se estrenó en el teatro Alcázar, de Madrid, la noche del 19 de octubre de 1954, con el siguiente

REPARTO

Paloma	Antonia Mas.
La Duquesa	Margarita Robles.
Silvia	Maruja Recio.
Lilí	Marcela Yurfa.
S. M. Alberto V	Antonio Gandía.
S. M. I. Alí-Harom el Magnífico	José Franco.
S. A. R. el Príncipe Federico	Angel de la Fuente.
El delegado Koproff ...	Carlos Lemos.
El delegado Molinsky ...	Manuel Alexandre.
El maître	Rafael Gil Marcos.

Los decorados, de Emilio Burgos, y la dirección, a cargo de Cayetano Luca de Tena.

ARGUMENTO

En un escondido y moderno refugio alpino se dan extraña cita tres personajes desconocidos para celebrar su Navidad, que resultan ser tres reyes en el exilio. En el mismo hotel se encuentra una anciana actriz, hace años retirada de las tablas, algo neurasténica, y una jovencísima artista, soñadora y romática, con apariencias de novísima vampiresa.

Dos destacados miembros del partido comunista son comisionados para obsequiar fastuosamente a los tres reyes a fin de ganarlos para su causa. No lo consiguen; al contrario, los agentes soviéticos deciden quedarse en Occidente y no volver a Rusia.

CRITICA

Constituye esta obra una especie de opereta sin música, que, estrenada en el teatro Alcázar, de Madrid, el 19 de octubre de 1954, bajo la dirección de Cayetano Luca de Tena, ofrece una risueña sátira, en la que se mezclan lo lírico y lo humorístico en acertadas dosis.

Burla burlando, hace la crítica despiadada, feroz, aunque con amable apariencia de ligereza y superficialidad, del partido comunista y de sus nunca bien conocidos métodos y ardides, en múltiple cambio y perpetua transformación, pero rígido, inflexible y feroz a la hora de imponer sus férreas consignas.

La personalidad humana, humanísima, de los tres reyes en el exilio es la fina caricatura de los tres personajes reales, cuya identificación es clarísima para el espectador al contemplar la obra.

El despliegue de sus cualidades humanas, aun tratadas con el leve toque de la ironía, les hacen amables, ya que se imponen por su ternura y sinceridad.

Los sueños frívolos, ingenuos, de la pequeña «demimondaine» encarnados en el «Príncipe Azul», con quien toda jovencita española ha soñado siempre, adquiere realidad plástica superior en la transformación mágica de aquel despistado y burgués príncipe heredero, en el majestuoso e impresionante personaje real de los sueños adolescentes.

Los pequeños y grandes vicios de los personajes de sangre azul aparecen como lo que en realidad son: la expresión tangible de las debilidades comunes a toda humana naturaleza.

Quedan debidamente criticados los absurdos tópicos de la lujosa vida que llevan los miembros de casas reales en el exilio, así como la leyenda de que los miembros del partido comunista se encuentran felices dentro del paraíso que Rusia les brinda.

Muestra que el amor es el gran resorte capaz de hacer felices a los hombres, cuyo corazón no pueden llenar las riquezas, los honores ni los placeres.

USTED NO ES PELIGROSA

Comedia en tres actos, se estrenó en el teatro Infanta Isabel, de Madrid, el 22 de octubre de 1954, con el siguiente

REPARTO

Marta	Isabel Garcés.
Felisa	Irene Caba Alba.
Aurora	María Luisa Ponte.
Pepita	Irene Gutiérrez Caba.
Dorotea	Rafaela Aparicio.
Fernando	Antonio Casas.
Primitivo	Mariano Azaña.
Manolito	Erasmo Pascual.

Decorados de Redondela.

ARGUMENTO

Fernando, solterón empedernido, algo calavera y Don Juan, sostuvo relaciones íntimas con Aurora, Pepita y Lola, respectivamente artista del folklore, estudiante sempiterna en buscar del amor, y Lola, que ha sentado la cabeza después de su matrimonio con Primitivo. Marta, ingenua, algo infantil, candorosa y tímida, es su vecina y se ha enamorado perdidamente de él, por lo que se pasa las horas fisgando la vida de su vecino.

Fernando se encuentra en un gran apuro porque su tío de Valladolid, gravísimamente enfermo, le llama a su lado, donde debe ir precisamente acompañado de su esposa, ya que le mintió diciéndole que se había casado.

Llama a sus ex novias y ninguna se presta a acompañarlo. Marta acepta. A la vuelta hace creer a todos que Fernando ha aprovechado situación tan delicada deshonrándola, y, como es natural, hacen que él se case con la chica «que no es peligrosa».

CRITICA

El interés de la trama se halla perfectamente conseguido mediante lo inopinado de las situaciones y el ingenioso medio empleado para salir de cada una de ellas. Los temas de la intransigencia moral de provincias y la ingenuidad triunfante muestran en esta obra de Víctor Ruiz Iriarte un despliegue feliz.

Por otro lado, pone de relieve las hermosas cualidades que encierra la personalidad de Marta, algo «pazguata y boba», como a sí misma se califica; pero con un admirable espíritu de sacrificio hacia el hombre a quien ama y un enternecedor afecto maternal para los pequeños sobrinitos que con ella viven.

El tipo, bien dibujado, de Primitivo, con la inquieta curiosidad que le domina, haciéndole pasar hasta sobre el mismo temor al ridículo con tal de satisfacerla, resulta convincente y humano.

Don Manolito, ángel guardián de la castidad y pureza que campean en la anciana doméstica Catalina, cuya inocencia debe preservar celosamente de cualquier peligro, muestra su humanidad en el mismo viril deseo de ser escudero de la virtud de su compañera.

Las graves y austeras costumbres de la vetusta mansión del respetable tío, aunque puesta un poco en solfa por la hábil pluma de Víctor Ruiz Iriarte, ofrece la fiel estampa de una realidad que aún no ha desaparecido, afortunadamente, de los hogares españoles.

La transformación honda y humana que sufren los frívolos sentimientos de Fernando al contemplar con atención nueva el maravilloso espectáculo que supone el verdadero amor de una mujer íntegra, revela una sensibilidad, un acierto y un espíritu de observación extraordinarios en el autor.

LA GUERRA EMPIEZA EN CUBA

Es farsa en dos actos, estrenada en el teatro Reina Victoria, de Madrid, el 18 de noviembre de 1955, con el siguiente

REPARTO

Adelaida	Tina Gascó.
Juanita	Tina Gascó.
Doña Mariana	Luisa Rodrigo.
Pepa	María Luisa Ponte.
Margarita	Ana Leyva.
Rita	Julia María Butrón.
María Teresa	Gracia Morales.
María Rosa	Lolita Gómez.
Javier	José Bódalo.
Don Bernardo	Miguel Angel.
El Marqués	Julio San Juan.
Pepito	Enrique Avila.
Florentino	Carlos Mendy.

El decorado y los figurines, de Emilio Burgos, y la dirección, de Fernando Granada.

ARGUMENTO

En una capital de provincia, y a finales del siglo XIX, la esposa del gobernador, Adelaida, manda más que su marido, y con un puritanismo insoportable hace la vida imposible a todo el mundo.

Después de algunos pasajes en que Adelaida expresa su decidido propósito de que la provincia «sea modelo de austeridad y moralidad», aparece Javier, un militar juerguista que viene recomendado por la Condesa, amiga de Mariana, madre de Adelaida. Se presenta castigado porque entró en «Fornos» sin bajarse del coche de caballos, que hizo penetrar en el establecimiento. Es de advertir que en el vehículo le acompañaba una cupletista, que fue quien tuvo el original y detonante capricho de hacer tal barrabasada y era amiga íntima del militar.

Al enfrentarse Javier con la puritana Adelaida, la confunde con su hermana gemela Juanita, que pasó con él garantemente la noche última en el tren donde hizo el viaje desde Madrid.

Esta Juanita viene de Cuba dispuesta a vengarse de los malos tratos y desprecios que siempre le hicieron su madre y Adelaida. Sabiendo que éstas han ocultado su existencia por su vergonzosa fuga del hogar en compañía de un joven, tiene la intención de organizar un escándalo fenomenal, que acabe con la preeminente aureola social que envuelve a su hermana.

Al enamorarse Javier de Juanita y ser correspondido por ésta, cambia sus planes de venganza, y acepta casarse con él. A su vez, Adelaida se transforma en una criatura más humana y cordial.

CRITICA

El estudio psicológico y la transformación radical que de los caracteres de Juanita y Adelaida lleva a cabo el autor centran el mayor interés de la obra. Sigue su costumbre de censurar el estrecho espíritu imperante en las capitales de provincia y pone de relieve la mayor importancia de los nobles sentimientos frente a las conveniencias y prejuicios sociales.

Destaca la fuerza transformadora del amor, señalando los grandes valores del espíritu de comprensión y tolerancia.

Muestra su extraordinaria habilidad en el juego escénico del contraste entre los dos personajes, Adelaida y
Juanita, representados por una sola actriz, a cuyas dotes escénicas queda, en realidad, encomendada la mayor
fuerza convincente de la obra.

El diálogo, vivo y brillante, como es característico en
Víctor Ruiz Iriarte, coopera al interés de la represen-
tación escénica.

LA VIDA PRIVADA DE MAMA

Comedia que se estrenó en el teatro Reina Victoria, de
Madrid, el 3 de octubre de 1956, con el siguiente

REPARTO

Teresa	Tina Gascó.
Marita	Gracia Morales.
Mercedes	Marisa Porcel.
Amelia	Margarita Gil.
Catalina	Paquita Medrano.
Trini	Lolita Gómez.
María	María Portillo.
Juana	Isabel Osca.
Fernando	José Bódalo.
Nicolás	Rafael Alonso.
Federico	Fernando Guillén.
Don José	Miguel Angel.
Alfredo	Enrique Avila.

El decorado corrió a cargo de Emilio Burgos.

CRITICA

Teresa, la protagonista, constituye un tipo ciertamente
equívoco, ya que mientras para todas las personas que
la rodean, para su hija incluso, es una viuda intachable,
mantiene relaciones con varios pretendientes a la vez
—de los cuales aparecen tres—, y con uno de ellos con-
trajo incluso matrimonio.

Marita, su hija, es joven, con muchísima desenvoltura
y desparpajo, que no reconoce en su vida más problema
que el de casarse, y que afirma con gran aplomo: «Una
vez casada, se acabó el problema.»

Apareciendo en escena los tres pretendientes de la madre, Fernando, Federico y Nicolás, cada uno con su carácter peculiar de hombre maduro, de joven estudiante y de argentino apasionado, contribuyen a establecer el necesario clima de expectación y curiosidad, necesario para el interés de la trama.

Los celos que Fernando siente al comprobar la existencia de los otros pretendientes son causa de que no confiese ser el esposo con quien Teresa casó un año antes.

Bien llevado el juego escénico, la obra no decae en interés, y el peculiar gracejo de Víctor Ruiz Iriarte la conduce con experta mano hasta el final.

ARGUMENTO

Teresa, viuda ejemplar y recatada a los ojos de todo el mundo, casa a su única hija, Marita.

El mismo día de la boda aparecen Nicolás, Fernando y Federico, que esperan ser admitidos como novios oficiales de Teresa en el día de la boda de su hija, conforme a la promesa que a cada uno de ellos hizo al aceptar sus honestos galanteos.

Los tres, violentos, oyen a Teresa afirmar tranquilamente que uno de ellos es ya su verdadero esposo, con quien se casó en una humilde iglesia de un pueblo remoto hace ya un año.

No saben cuál de ellos es el afortunado, y ninguno está seguro de serlo ni de no serlo.

Por fin se descubre que es Fernando, puesto de acuerdo con Marita, que deseaba la boda de su madre para evitar más coqueteos.

ESTA NOCHE ES LA VÍSPERA

Comedia en un prólogo y dos actos, estrenada en el teatro Goya, de Madrid, el 12 de diciembre de 1958, con el siguiente

REPARTO

Daniel	Jaime Redondo.
Elvira	Mary Campos.
Elisa	Carmen Seco.
Avelina	Rosa Fontana.
El piloto	Juan Ocaña.
Javier	Pablo Sanz.
Don Joaquín	Manuel Domínguez.
Anita	Luisa Sala.
Rosa	María Asquerino.
Muchacha	Gracita Morales.
Marcos	Carlos Casaravilla.
El muchacho	José María Vilches.
Valentín	José Luis Heredia.
El Padre José	José María Rodero.
El buen señor	Marcial Gómez.

Los decorados fueron de Martín Cerolo e Ignacio de Pablo Romero, y la dirección de M. Benítez-Cortés.

CRITICA

Plantea la obra un agudo problema, cuya hondura se enraiza en profundos estratos psicológicos y morales: la cuestión del libre albedrío de la libertad personal. Todos somos, en potencia, santos o pecadores. Sólo nuestra voluntad puede inclinarnos a ser lo uno o lo otro. El hombre tiene en sí ese poder terrible y maravilloso de poderse decidir, de poner en juego esa arma fuerte y peligrosa, casi sobrenatural, que constituye su gloria o su condenación.

La maestría de Víctor Ruiz Iriarte ha sabido imprimir a su comedia el interés y la gracia suficientes para que, a pesar de darnos a conocer en el «prólogo» el final consolador de la peripecia, ésta no pierde su interés en los dos actos que cuentan el desarrollo de ella.

Los numerosos personajes, cada uno con sus peculiares problemas y con su particular concepto del deber, de la moral, de todas esas normas que rigen el obrar de los hombres, toma la determinación que le parece más conveniente.

El autor, sin grandes aspavientos, sin sermones inoperantes, aunque presenta en escena un humanísimo sacerdote cuya personalidad al frente de una parroquia madrileña fue identificada inmediatamente por numeroso público que lo conocía personalmente, hace derivar la acción de manera dignísima, pues las razones morales influyen en los personajes para tomar sus determinaciones supremas.

Alfredo Marqueríe [1] dice: «Hay en esta obra una temática e incluso problemática honda y conmovedora. Es la que alude a esa víspera definitoria del título, víspera del libre albedrío que triunfa sobre el determinismo materialista, víspera donde nada se ha consumado y donde todo es posible, hasta ese milagro que se disfraza de azar, pero en el que existe una coyuntura espiritual de salvación.»

ARGUMENTO

Daniel y Elvira penetran en una casa en venta; es «vieja, bonita y solitaria, rodeada de montañas», como afirma Elvira, que añade: «Quizá estuve aquí antes en un sueño», al que califica de «mal sueño».

---

[1] MARQUERÍE, Alfredo: *Veinte años de teatro en España.* Editora Nacional. Madrid, 1959, pág. 174.

Aparece sobre la mesita del teléfono una polvera «igual a la que ella perdió y habían comprado en Venecia durante su viaje de novios».

Efectivamente, en una visión restrospectiva aparece el invierno último; un avión que viajaba a París, tuvo una avería y se vio obligado a aterrizar por aquellos contornos.

Los viajeros no encontraron otro refugio que aquella casa y tuvieron que pasar la noche en ella.

Elisa también viajaba en el avión averiado, con el propósito de marcharse a París para toda su vida, en vez de permanecer en Madrid al lado de su esposo, gravemente inválido a consecuencia de un accidente.

Valentín, uno de los viajeros del grupo, anuncia que entre ellos «hay un delincuente», que lo será mañana, porque «esta noche es la víspera» de su delito.

Tan extraña declaración asombra a todos los pasajeros, ya que todos y cada uno se creen a sí mismos perfectamente honrados y decentes.

En efecto, se saca la conclusión de que cada persona, en un momento determinado, puede cometer un delito o dejar de cometerlo, pues es dueño de su libertad, de su libre albedrío.

De la misma manera Elvira puede aún decidir: ir a París delinquiendo o regresar a Madrid, donde la aguarda su esposo, y con él, su deber, que es permanecer a su lado. Se decide heroicamente por este segundo viaje.

TENGO UN MILLON

Comedia estrenada en el teatro Lara, de Madrid, el 10 de febrero de 1960, con arreglo al siguiente

REPARTO

Patricia	María Asquerino.
Juanita	María Mahor.
Carolina	Pilar Sala.
Purita	Gracia Morales.
Marita	Amparo Baró.
Una señora	Magda Roger.
Mateo	Adolfo Marsillach.
El jefe	Antonio Queipo.
El Pituso	Carlos Larrañaga.
Roberto	Agustín González.

Los decorados fueron de Redondela y la dirección corrió a cargo de Adolfo Marsillach.

ARGUMENTO

Mateo, honradísimo empleado de Banca, con enormes apuros económicos, encuentra un millón de pesetas en circunstancias extrañas, ya que se hallan junto al presunto cadáver de un hombre atropellado por un coche que se da a la fuga.

A Mateo se le ocurre tomar de su bolsillo la documentación del atropellado, cambiarla y dejar el block de notas donde figuran las señas de su domicilio. El cambio de papeles lo realiza a fin de que al recoger el cadáver crean que el muerto es él, Mateo, y gracias a esta confusión poder huir a Francia con el pasaporte del difunto y el millón de pesetas hallado.

Se complica el plan porque aparece «El Desconocido», que resulta ser un miembro de la banda de ladrones capitaneada por «El Jefe», a quien aseguran pertenece el millón de pesetas y que no resultó muerto, sino herido levemente a causa del atropello.

Aparecen después en escena Roberto y Juanita, su amante, que aseguran que es suyo el dinero.

Más tarde llega Carolina, que afirma ser la dueña del millón, que ha entregado por amor a Roberto.

En realidad, a quien pertenece es a su hija Marita, a quien lo devuelve Mateo, deseoso de ser honrado como lo fue toda su vida.

CRITICA

¿Qué puede suponer para un hombre agobiado por las estrecheces y dificultades económicas de un sueldo escaso la posesión de un millón de pesetas? Ciertamente es la abundancia, el bienestar económico y material, la desaparición de preocupaciones crematísticas, en una palabra: la solución del problema monetario.

¿Hasta qué punto puede constituir incentivo para dejar de ser honrado la posibilidad de apoderarse de este millón de pesetas?

El desarrollo de la obra va dando a conocer las sucesivas reacciones que un hombre honrado, Mateo, va experimentando al creerse dueño del millón que sabe que no es suyo.

Al hilo de este proceso psicológico y con gran habilidad teatral, Víctor Ruiz Iriarte enhebra la peripecia cómico-humorística-policíaca que desarrollan los otros personajes de la comedia: «El Jefe», «El Pituso», Roberto, acompañado de Juanita, joven sin escrúpulos que está de acuerdo con los dos anteriores, y doña Carolina, tal vez la más responsable, pues lo robaba a su propia hija, Marita, por comprar el falso amor de Roberto.

Quizá la encantadora y entrañable figura de Marita, en su breve permanencia sobre el escenario, da a éste el aire fresco de una limpieza de la que carecen los demás tipos y que hace que la comedia eleve su tono general de pesimista constatación de la maldad y egoísmo humano a la visión optimista y esperanzadora de que aún hay seres inocentes y sencillos en la Tierra por quienes es bueno sacrificarse para intentar hacerlos felices.

Tal vez esta suave pincelada de ternura, generosidad y altruismo sea la que más encanto presenta en la obra, junto a la rotunda declaración de amor purísimo y total de la protagonista por su esposo en el diálogo final, dispuesta a todos los sacrificios con tal de saberle honrado y bueno.

EL CARRUSEL

Comedia en dos actos y siete cuadros, estrenada el 4 de diciembre de 1964 en el teatro Lara, de Madrid, con el siguiente

REPARTO

Rita	Amelia de la Torre.
Maribel	Ana María Vidal.
Lolín....	María del Carmen Yepes.
Mónica	María Jesús Lara.
Daniel	Enrique Diosdado.
Tomy	Manuel Galiana.
Ramonín	Rafael Guerrero.
El comisario	Vicente Ariño.

Ilustraciones musicales de Manuel Parada, decorado de Torre de la Fuente y dirección de Enrique Diosdado.

ARGUMENTO

Daniel, hombre a quien sonríe la fortuna, que ocupa un magnífico puesto en la sociedad, con abundancia de dinero y cargos de relieve social, habla con el comisario a quien ha llamado innumerables veces para que le escuche en su confidencia: se siente culpable de algo muy grave: nada menos que de la manera indigna con que se comportan sus dos hijos varones, Tomy y Ramonín, y la hija mayor, Maribel.

Rita, esposa de Daniel, con una inconsciencia y frivolidad muy semejantes a las de su marido, forman el matrimonio superficial que, por desgracia, con tanta frecuencia nos ofrece la actual clase acomodada en todas las sociedades.

Los hijos, que no encuentran en su hogar ni el amor
ni la comprensión a que se estiman acreedores, viven
en una perpetua evasión, que cada uno identifica en diferente y absurda manera de obrar, siguiendo cada uno
sus instintos primarios, sin que ninguna ley los ame-
drante.

Tomy hace el amor a la doncella Mónica, pura e ino-
cente criatura cuando entró a prestar sus servicios en
la casa. A tal apasionamiento han llegado, que ella
espera un hijo y se lo confiesa a Tomy.

Ramonín, compinchado absurdamente con sujetos de
pésimos antecedentes, de tal manera se compromete con
ellos que llega a verse envuelto en un acto delictivo
y encerrado en la Comisaría es acusado seriamente y
logra escapar a la acusación de la autoridad cuando,
tras prolijos interrogatorios, su amigo confiesa ser el
único responsable de las fechorías.

Maribel, la hija mayor, perdido todo el respeto que a
sí misma se debe, huye del hogar en el que ha tratado
de pedir ayuda y no la han comprendido, y pasa la noche a solas con su novio para con ello dar a sus padres
una lección.

Lolín, la menor de todos, es la única que ignora las an-
danzas y locuras de sus hermanos, cree que todos en la
casa son buenos y se aterra ante las posibles consecuen-
cias que pudieran derivarse de la confesión que los demás hermanos hacen a sus padres de las faltas, que
ella cree son pura invención para asustarles.

Los padres, convencidos de que todo es un juego al
principio, no tardan en darse cuenta de que la tragedia
está dentro de su hogar. La reacción es de cobardía
y tratan de hacer ver que todo es una superchería inven-
tada por sus hijos para llamar la atención y tratan de

permanecer en la dulce calma que implica la ignorancia de tan graves hechos.

Mónica, aterrada ante la perspectivas de que a Tomy le envíen sus padres al extranjero, impidiéndole casarse con ella y dejándola deshonrada, huye de la casa y se arroja al paso de un vehículo que acaba con su vida.

Daniel confiesa al comisario el remordimiento que este suceso le produce, ya que se encuentra culpable de la muerte de la muchacha.

Sin embargo, continúa en su frívola existencia, donde la más nimia cotillería de su esposa es capaz de sostener su atención y distraerle de los grandes problemas que sus hijos arrastran en su frívolo hogar.

CRITICA

En esta obra está aún tanteando su autor, y lo que marca con más fuerza es una busca obsesiva de la verdad natural, moral y poética, tratando de sacar a la luz con más intensidad, no sabemos si por facilidad de expresión literaria o porque las circunstancias en ese día en España eran más abiertas que cuando le cupo estrenar sus anteriores obras.

Según su costumbre, emplea la fuerza de la poesía, combinada con una fuerte dosis de la crítica social, dualidad que lleva a insospechados enlaces, consiguiendo una mayor belleza al presentar la figura de la hermana menor Lolín y a la pareja Tomy-Mónica como contrapunto a las turbias, indecentes y hasta criminales de sus hermanos y padres.

La visión del hogar frívolo, inhóspito a pesar de su confort material, que no llena las naturales ambiciones de unos hijos que creen tener derecho al amor, atención y aun respeto de sus padres, está perfectamente lograda por las insustanciales respuestas de sus padres, cuando ellos tratan de hacerles partícipes y confidentes de sus problemas y aspiraciones, cuya profundidad y dimensiones no aciertan a calibrar unos padres envueltos en una vida social falsa, de diversiones, clubs, fiestas nocivas sociales con apariencias hipócritas de caridad y altruismo o caprichosos devaneos de mal gusto.

Aparece, lógicamente, la línea divisoria entre la evasión y la realidad con mayor nitidez y fuerza, y los deslindes entre estas dos posiciones son más acusados que en el resto de su anterior producción escénica.

El autor hace la transición entre uno y otro plano—el real y el de ilusión—con mayor crudeza que lo acostumbrado en él. No hay un querer pasar de una a otra posición sin grandes roces ni fisuras. Aquí es tajante la diferencia entre el Bien y el Mal, sin contemporizaciones ni concesión alguna.

El aspecto de evasión se encuentra perfectamente logrado en el personaje de Lolín; con reiteración de fórmulas, la hace permanecer en sus sueños tempranos, de limpieza espiritual, de sueños y juegos infantiles.

Todos los demás personajes están dentro de la realidad, sometidos a una sociedad que exige de ellos gestos y acciones poco dignas.

Rita, la madre, pudiera ser un nuevo matiz en la producción de Ruiz Iriarte. Al tratar a este personaje puede verse una evasión de sentido no poético al hacerla falta de realidad y poco conocedora de lo que le rodea; pero su escape no es de forma afirmativa ni constructiva.

Los obsesivos remordimientos del padre, Daniel, no se encauzan a la manera recia y humana que es lógica en un ser de afirmada virilidad, sino que adquieren el tinte insustancial y absurdo de un temor casi infantil a los hechos consumados, sin intentar siquiera el más mínimo esfuerzo para encauzar con dignidad y nobleza los futuros. Su espíritu muelle y tornadizo responde con blandura, que envuelve una vergonzosa actitud, a los terribles hechos que él conoce perfectamente en todo su horror; pero que desearía seguir ignorando para su egoísta tranquilidad y apacible vegetar en una inoperante postura comodona y sensual, supeditando al qué dirán y al respeto humano cualquier decisión, y prefiriendo incluso la inmolación de una vida humana antes de que la gente se dé cuenta abiertamente de la tragedia de su familia.

El ambiente frívolo, superficial, que resta solidez y firmeza al hogar, cuya estabilidad parece descansar sobre inseguras arenas movedizas, está logrado hasta los más menudos detalles, cuidado cada uno de ellos con delicadeza suma y expresividad cautivadora.

El acertado truco escénico de la puerta cerrada o abierta de golpe, según lo requiere la acción, y los pasajes musicales que subrayan el interés de su desenvolvimiento añaden un encanto sutil a la obra, que se ve reforzada por el acertado empleo de las luces.

TEMAS MAS GENERALES

L A evasión encaja perfectamente con la temática social, en tanto en cuanto los personajes de Ruiz Iriarte tratan de ascapar al ambiente social que les rodea. Fácilmente se puede ver que esta evasión es originada por la asfixia de una sociedad que no responde muchas veces a las necesidades que el temperamento de sus creaciones exige.

En el teatro de Ruiz Iriarte hay apenas arqueología, exceptuando *El Gran Minué* y *Un Día en la Gloria,* en los cuales la acción transcurre en una corte sin concretar durante el siglo XVIII y en un lugar imaginario que precisamente es la Gloria, donde conviven todos los personajes históricos que merecieron tal galardón. Su atención se dirige a la vida en torno, y de ella procura copiar personajes y motivos. En sus obras de tesis mejor que temas retrospectivos y gastados gusta manejar los actuales; pero no de una manera fríamente expositiva, al estilo del teatro naturalista, sino más bien con el apasionamiento aleccionador que le caracteriza.

En conjunto, aparecen tantos defectos como virtudes; observa la realidad, pero a través de un cristal de color de rosa o a terreno poético y soñador. Son, en general, temas que encierran un fondo constructivo y, en cierto sentido, positivo, porque así se representa la vida con cierta veracidad. Sin embargo, Ruiz Iriarte siempre ofrece una consecuencia, aunque disimulada, condenatoria del vicio o, por lo menos, la sugiere.

Suele escoger vicios y defectos que no llegan a delitos, pero que bordean el Código y lastiman la conciencia cuando no está anestesiada por la fuerza de la costumbre. Repite una y mil veces los temas y procura darles una orientación original.

Temas de los que prefieren seguir viviendo según el conformismo fácil de los valores aceptados.

Los problemas, aunque matizados de humor e intrascendencia, son los eternos de la raza humana, con la superioridad temática sobre el amor. Su teatro es documento y prueba, sin que llegue, ni mucho menos, al costumbrismo sainetesco, como podría ser la opinión de algunos críticos.

Se coloca para proyectar su obra hacia la vida humana mirada desde fuera, huyendo de la raíz de los problemas y enfocando las inquietudes colectivas en apariencia externa.

Lucha diaria de los vivientes en busca de su felicidad, aunque se entablen conflictos con la sociedad o la propia conciencia.

La burguesía, una clase media, a veces bien acomodada, como en *El Carrusel*, y que en ocasiones nos descubre sus trampas y su mal vivir para simular falsas apariencias, cual ocurre en *Tengo un millón*. La aristocracia raramente los pone en escena, excepción *El Gran Minué*, por necesidad histórica, o personajes reales, como *La Cena de los Tres Reyes*. No se encuentran representantes del pueblo trabajador ni de los conflictos que originan la lucha de clases. Cuando lo hace procura que no sea el protagonista, y al usarlo lo llena de ternura y delicadeza, como la Cris de *El Café de las Flores*, sin que aparezca el rencor de clases ni odio entre ellas.

Ha enriquecido sus éxitos escénicos con todos los elementos que la nueva técnica teatral ha puesto al alcance del montaje de las obras, como, por ejemplo, efectos de luz, de sonido, de diversos planos de acción, etc.

Teatro lleno de disciplina interna, de permanente y rectilínea temática, tratando de bucear debajo de la superficie tranquila del vivir cotidiano para darnos un mensaje y denunciar unos aspectos hoscos de la realidad social. Para ello se sirve de seres vivos, no de entes imaginarios, seres que se mueven en situaciones reales y no ficticias, y que son llevados a su fin por fuerzas vitales de la sociedad actual, y a los que Ruiz Iriarte quiere encontrarles un sentido de humanidad, sin que ellos mismos puedan evadirse de esta tendencia de su autor a darnos una lección moral sin grandes aspavientos ni tragedias.

Considerar que la obra de Ruiz Iriarte quiere ponernos solamente frente a la realidad española actual es limitar el alcance de su proyección y empequeñecer su contenido. El autor aspira a mucho más y a veces se queda corto; pero otras lo alcanza plenamente, como en *El Carrusel*, en que sus personajes pueden estar extraídos de cualquier sociedad de nuestros días.

Al igual que otros escritores, Ruiz Iriarte acude a cuantos medios de información están a su alcance, así una noticia periodística, un suceso del día, etc., los utiliza el autor para devolvérnoslo poéticamente transfigurado, buscando lo que hay en el individuo para provocar sus esperanzas, y si nos habla a veces de su fracaso en la sociedad, éste no va con la acidez ni con el puntillazo con que lo haría otro autor. Los fracasos y esperanzas van teñidos de un «esfumato» que los envuelve en unos tonos agradables, sin llegar al claro oscuro, tan contrario a su técnica, en la que no quiere hacer resaltar nada con violencia.

A veces sus personajes adoptan una actitud de denuncia—ahora más acusada que en su producción primera—, de llamada, pero no angustiosa, hecha desde fuera, sin grandes algaradas, pero que encuentra eco, porque está lanzada a través de situaciones vivas. De aquí que su lección moral nazca pura, límpida y sobria, sin rencores ni sentimentalismos.

La diferencia fundamental entre Ruiz Iriarte y los sociólogos teorizantes es que su llamada es de aviso y cautela, y no de demagogias. Al procurar la reacción del espectador es con un deseo de mejora y con un sentimiento constructivo, sin tratar de derrocar sistemas ni instituciones, sino con un deseo de corrección y bienaventuranzas.

A Víctor Ruiz Iriarte no se le puede clasificar entre las filas de los realistas puros o los existencialistas, tan en moda sobre los escenarios de hoy día, sino más bien como ecléctico, con un subido matiz y tendencia hacia la evasión poética.

Su punto de partida es de gran fidelidad al tiempo en que vive y a la sociedad que retrata, por rodearle, de la que no desdeña aprovechar las lacras y lo característico, sin que por ello busque la crítica apasionada, sino más bien lo que de moralizador puede sacarse de sus caídas.

Existe una problemática humana y moral que las hace tan patentes sin crudeza de una manera que nos hace, a la par que pensar, sonreír. Claro ejemplo de ello nos lo ofrece todo el argumento de *El landó de seis caballos,* donde la entraña misma de su acción reside en el nudo poético, mitad sueño, mitad locura, de aquellos curiosos criados cuya mente desequilibrada vive en perpetua ficción, en la que poéticamente queda conseguida la evasión por fijar sus existencias en un punto lejano de su juventud, treinta años atrás, y donde Isabel pretende conseguir su felicidad precisamente gracias a esta evasión poética de consagrarse mientras viva al ideal de mantener felices a aquellos cuatro viejecitos:

ISABEL.—Yo me quedo. *(Sonriendo.)*

FLORENCIO.—*(Boquiabierto.)* ¿Qué dice usted?

ISABEL.—¡Sí! Me quedo en Las Colinas. Lo he decidido ahora mismo.

FLORENCIO.—Pero, Isabel... ¿Se ha vuelto usted loca?

ISABEL.—¡Dígale usted a mi primo Carlos que ya sé por qué me envió la invitación del Duque!... Pero a mí me ha encargado una misión: él cree que nadie como la prima Isabel, con la cabeza a pájaros, puede ser el nuevo huésped que hace falta en Las Colinas. ¡Y tiene muchísima razón!

FLORENCIO.—¡Isabel!

ISABEL.—¡Sí! Voy a convertir estas paredes viejas en una casa limpia y alegre, donde estos ancianitos, llenos de ilusión, vivan los más bellos años de su vida [1].

---

[1] Ruiz Iriarte, Víctor: *El landó de seis caballos.* Teatro Español, 1949-50. Aguilar, S. A. Madrid, 1951, pág. 366.

Es decir, que Ruiz Iriarte concibe su teatro como un ceñirse a la descripción de la realidad en todos sus aspectos, sin excluir nada, pero añadiendo un tono de dulzura esperanzadora, en contra de la antigua metafísica de otros dramaturgos de su época.

No retrata la vida como un transcurrir fatal, sino con posibilidades de escape a otro mundo mágico o fantástico. Posición que podríamos ver simbolizada en las palabras de la protagonista de la obra *Juanita va a Río de Janeiro*.

> JUANITA.—Yo digo que «me voy a Río de Janeiro» cuando cierro los ojos y tengo un sueño bonito. Desde que era una chiquilla me he representado así la felicidad, como un viaje maravilloso a Río de Janeiro [2].

Tal es el poder de sugestión en que ella quiere sumergirse, que, incluso en lo que es un momento de impureza y de pecado—al entregarse a su novio—, piensa que está viviendo la culminación de un puro sueño de amor.

En el diálogo entre Tomy y Mónica, de *El Carrusel,* la evasión no sólo es al terreno de la idea, sino que el anhelo físico de lejanía y distancia está angustiosamente sugerido:

> TOMY.—Calla, calla. ¿No sabes? Toda la noche he estado pensando cosas maravillosas...
> MÓNICA.—¿De veras, Tomy?
> TOMY.—Escucha. Nos casaremos en seguida y nos iremos muy lejos de aquí.
> MÓNICA.—¿Adónde?

---

[2] RUIZ IRIARTE, Víctor: *Juanita va a Río de Janeiro*. Ediciones Alfil. Colección Teatro. Madrid, 1959.

TOMY.—*(Con entusiasmo.)* ¡A América! ¿Te gusta América?

MÓNICA.—¡Dios mío! ¡América!

TOMY.—¡Mónica! ¡América es un mundo fabuloso! Ya verás. Viviremos en una casita blanca, rodeada de césped y de flores. Nosotros y el niño. ¡Solos! Míster y místress Sandoval. ¿Qué te parece?

MÓNICA.—¡Oh!

TOMY.—En las vacaciones iremos a Nueva York. ¡Nueva York! ¡Figúrate! Brooklyn y Broadway, y la Quinta Avenida, y la Estua de la Libertad. Y después, Chicago, y Washington, y San Francisco, y Las Vegas, y todo lo demás... [3]

Todo el problema íntimo de esta pareja y el repudio que ellos saben va en su familia y en la sociedad en que están ubicados les hace desear alejarse lo más posible del lugar en donde, por seguro, no encontrarán la paz y comprensión que desean.

En la misma obra, *El Carrusel,* podemos ver la postura de Lolín, otro de los hijos que están agobiados por la falta de comprensión y armonía en la familia, que, limitada a sus sueños, ni siquiera piensa en la huida material del hogar y confía toda su evasión a soñar:

LOLÍN.—¡La familia! ¡Qué risa! Papá y mamá nunca están en casa. Mamá, la pobre, lleva un trajín: con las tómbolas, las fiestas y los estrenos se le pasan los días sin sentir. Y de papá no hablemos: entre sus grandes empresas industriales y el adulterio, porque las señoras se lo rifan, no está para nada. Y pase lo que pase, aquí me quedo sola. ¿Y qué voy a hacer? Pues ya está, me siento ahí, en la terraza, y me quedo

—————

[3] RUIZ IRIARTE, Víctor: *El Carrusel.*

93

dormida mirando a la Luna, mientras la
vecina toca el piano. Y, eso sí, en cuanto
cierro los ojos, como soy tan fantástica, lo
mismo me meto monja que me caso con
los cuatro Beatles... [4]

Y, por su parte, este problema de la hija lo enfoca su
madre de manera semejante, afirmando:

RITA.—... Y con Lolín, la pequeña, tampoco se
puede contar demasiado, porque como tiene tantísima imaginación, se pasa el tiempo
viviendo fantasías [5].

El fracaso de uno de los personajes de *El Café de las
Flores*, pintor que no ha logrado triunfar, a pesar de
sus dotes artísticas, lo arroja a una precaria situación
económica que le lleva a no tener dónde dormir. Otro
autor lo llevaría a la delincuencia o al crimen, siguiendo
la tónica de los autores llamados sociales; pero Ruiz
Iriarte le busca la salida del ensueño:

CÉSAR.—Cuando me quedo aquí solo, a la intem-
perie, y cierro los ojos no hago más que
soñar con alcobas y alcobas y alcobas...
Y con una cama grande de dos colchones,
en la que sería maravilloso dormir todas
las noches, toda la vida. Sobre todo, cuando pienso en los dos colchones es que me
vuelvo loco [6].

Los desahuciados por la sociedad, los que no han teni-
do un hogar confortable, los que ni siquiera son hijos
legítimos, Ruiz Iriarte los lleva en sus diálogos a un
plano poético, llenándolos de ternura y rehuyendo todo

---

[4] RUIZ IRIARTE, Víctor: *El Carrusel*. Madrid, 1965, pág. 22.
[5] RUIZ IRIARTE, Víctor: *El Carrusel*. Madrid, 1965, pág. 12.
[6] RUIZ IRIARTE, Víctor: *El Café de las Flores*. Madrid, 1953,
pág. 15.

encono o resentimiento. Cris, la cerillera ambulante, que no ha conocido a su padre y que su madre se ganaba la vida como ella, no trata de imitar a la madre en su mala vida, sino que pone sus ratos de confidencias en evocar una familia que nunca tuvo:

> CRIS.—A veces, como soy tan fantástica, cierro los ojos y veo a mi padre y a mi madre que vienen a buscarme muy cogiditos del brazo. ¡Y si viera qué buena pareja hacen!... Los veo muy a menudo. Pero, sobre todo, cuando llego a casa de madrugada y me encuentro tan sola... Veo a mi madre tan buena moza. Y veo a mi padre como yo me lo figuro, con su bigote y su bastón, que estoy segurísima que era así [7].

Como en otro lugar hemos dicho, Cris es uno de los personajes más humildes; representa quizá el eslabón más bajo de la sociedad; no obstante, al hablar de sus aspiraciones se sitúa en el mismo plano que las demás creaciones de Ruiz Iriarte. La familia, su unión, su belleza moral y física es un deseo constante de nuestro autor.

Hay un deleite en presentarnos con insistencia tipos de entre los intelectuales; los hace soñadores y de un modo de vivir libre, con cierta holgura económica que les permite tener independencia. Al exponernos sus ideas trata de ser lo más objetivamente posible. Hay como un huir de identificarse con ellos, y siempre dicen algo sobre los demás en términos generales, sin embargo, en sentido muy poético:

> MARCOS.—En París es donde se refugian todos los que huyen de algo. Por eso, el aire de París está lleno de nostalgias.

---

[7] RUIZ IRIARTE, Víctor: *El Café de las Flores.* Madrid, 1953, pág. 22.

Por eso es triste París. Y por eso me
gusta.

PADRE JOSÉ.—¡Ah! ¿Es que usted también huye de
algo, señor Villanueva?

MARCOS.—Todos huimos de algo. O vamos en
busca de algo, que es una manera
de huir de todo lo demás [8].

La evasión de Ruiz Iriarte, como hemos querido demostrar, responde a un sentimiento social y escoge tipos
que puede uno encontrarse a su alrededor. Sin embargo, como agudamente hace notar Pérez Minik [9], el teatro de Ruiz Iriarte «tiene pocas concomitancias con el
evasivo europeo de Girandoux, Gantillón o Jean Víctor
Pellerin». Escritores más cerebrales y partiendo de su-
puestos distintos. Ruiz Iriarte es distinto, ya que los
citados autores manifiestan duramente contra la vida
burguesa su abierta oposición, ya que esta vida la con-
sideran falsa, monótona, tediosa e insoportable, sin posibilidades de redención. No hay siquiera una esperan-
za de poderla cambiar.

La evasión se realiza, en los tres autores extranjeros
mencionados, a través de imaginados viajes, donde la
vivencia lírica, la más independiente intuición y la sub-
versión más atrevida dan la pauta para los cauces y de-
rroteros inesperados que se adentran en las mayores re-
condideces del alma humana.

Ruiz Iriarte presenta la vida de la época actual corrien-
te, agradable, esbozada a veces, en ocasiones intensa-
mente acentuada, matizada de una leve o fuerte ironía,
pero abierta a todo lo que pueda representar comprensión y enmienda.

---

[8] RUIZ IRIARTE, Víctor: *El Café de las Flores*. Madrid, 1953,
pág. 13.

[9] PÉREZ MINIK, Domingo: *Teatro europeo contemporáneo*.
Ed. Guadarrama. Madrid, 1961, pág. 449.

«No es preciso que el autor teatral extreme este matiz riguroso, científico si se quiere, en su obra. El teatro, desde Shakespeare en *A vuestro gusto*, Molière con su *Improntu de Versailles* y Calderón en *Los Tres Mayores Prodigios* nos ofrecen ejemplos palmarios de escénica invención gratuita, que no necesita el apoyo firme de la absoluta verdad histórica, ya que el comediógrafo no debe ser un historiador de gabinete y archivo, aunque en ocasiones se valga de los hechos históricos para construir su obra» [10]. Ruiz Iriarte no presenta la vida del pasado como el historiador, sino que se circunscribe a su momento.

No sólo no persigue la verdad histórica—tema fuera completamente de su teatro—, sino que a veces, si la verdad va a provocar conflictos, tiende a sacrificarla con tal de buscar una fórmula armónica:

> RAMONÍN.—Pero ¿no comprendes que lo que necesitamos todos es creer que hemos soñado? ¿Creer, como cree Lolín, que no ha pasado nada? ¿No has visto con cuánta ilusión descubría mamá que todo era una comedia? ¿No has visto con qué sencillez se aferraba papá a la idea de que todo era mentira? ¡Tomy! Déjalo todo como está. No se puede hacer saltar la verdad. Tiene dentro dinamita y veneno. Es el desastre. Entre nosotros sería el derrumbamiento de todo lo que todavía nos une. Es mejor callar. Ni siquiera mentir. Callar y callar y callar siempre. Y después olvidar... [11]

No hay que insistir para ver fácilmente que en toda la obra de Ruiz Iriarte nos envuelve en una neblina, des-

---

[10] PÉREZ MINIK, Domingo: *Teatro europeo contemporáneo.* Ed. Guadarrama. Madrid, 1961, pág. 387.
[11] RUIZ IRIARTE, Víctor: *El Carrusel.* Madrid, 1965, pág. 81.

realizando los hechos más crudos, convirtiendo en sueño
los más desagradable:

> ISABEL.—*(Sonriendo.)* Pienso que que la vida sólo es
> verdaderamente bella cuando es un sue-
> ño... [12]

Sueño, olvido, perdón, comprensión, etc., éstas son las
fórmulas sociales de nuestro autor.

---

[12] RUIZ IRIARTE, Víctor: *El landó de seis caballos*, pág. 350.

LA SOLEDAD, EL AMOR,
LA FAMILIA

LA lección moral en la obra de Ruiz Iriarte
queda pura, limpia, sobria, sin rencores ni
sentimentalismos, como si aceptase en toda
su plenitud la afirmación del sociólogo
Paul Steven [1]:

«El elemento constitutivo de la comunidad es ciertamente la voluntad de vivir juntos.

Si esta conformidad afectiva, resultado a su vez de es-
pontaneidad, de costumbres y recuerdos, no existe o ha
desaparecido, muy bien puede haber armonía de volun-
tades para el servicio de intereses o deseos idénticos,
puede existir asociación, pero no una comunidad. La
coexión y la solidez encuentran su fundamento durable

---

[1] STEVEN, Paul: *Moral social*. Ediciones FAX. Madrid, 1955,
pág. 28.

en la voluntad profunda de quienes la componen: una comunidad cuyos miembros se odian y se combaten está destinada, tarde o temprano, a la decadencia y a la ruina. Sólo cuando logra que el conjunto de sus miembros participen de un mismo ideal de perfección moral es verdaderamente estable y dinámica. Esta unión de amor es la que, por encima de las divergencias sociales, crea una comunidad capaz de resistir a los asaltos del tiempo y de las propagandas, puesto que esta unión es de orden espiritual.»

He aquí el punto básico de la obra de Ruiz Iriarte: su divergencia de los teóricos socializantes que buscan la lucha para remediar males. El amor, la unión familiar y la huida de la soledad los utiliza como aglutinante de la sociedad, y ésta es su aportación a ella. Formas constructivas, conseguidas por nobles sentimientos, y en los que a veces Ruiz Iriarte no sigue una línea rectilínea. Todos los caminos son buenos para conseguir un propósito noble, sin andarse con remilgos en presentarnos ocasiones turbias o fuera de la moral, con tal de que estas acciones secundarias en su producción nos lleven a una meta limpia y de valores positivos y durables. Todos dentro del mejor código moral.

Ruiz Iriarte presenta el remedio al desmoralizador efecto que el sentirse solo causa sobre el individuo, apuntando que la unión, la compañía de unos con otros, la solidaridad y fuerza que presta a cada individuo la convivencia armónica con otros bajo el mismo techo es la solución a rencores y luchas entre los humanos.

Así, en *El Café de las Flores,* Laura dice enérgicamente a su marido:

> LAURA.—Y los demás, ¿crees que puedo devolverlos a su soledad, a su miseria, a su pena? ¡Ah! No. Eso no. Desde que entraron en esta casa han dejado de ser desgraciados.

Se sienten seguros, sueñan, se ríen. Son
como unos niños. ¡Son dichosos!... [2]

Porque piensa que este sentimiento de soledad es atroz
no vacila en calificarlo con adjetivos deprimentes, po-
niendo en boca del mismo personaje estas palabras, al
describir su encuentro con los demás:

> LAURA.—Allí estaban solos, en medio de la calle,
> debajo de las estrellas. En la más amarga
> y triste soledad. Como tú me dejaste a
> mí [3].

Cree también que esta misma sensación de sentirse solo
ejerce una incontenible atracción hacia los demás individuos, a quienes se considera en la misma angustia.
De aquí que el autor utilice este sentimiento como medio de unión en vez de desesperación:

> LAURA.—Me quieren porque mi soledad me acerca
> a la suya. Y no puedo separarme de ellos.
> ¿Comprendes? Me necesitan [4].

Otro de los personajes de la misma obra, Marta, corro-
bora la idea antes expuesta, al presentar su soledad y
encontrarse con otros de la misma situación:

> MARTA.—*(Con enorme desconsuelo. Entre sollozos.)*
> ¡Porque estoy sola en el mundo!
> LAURA.—¡Ay! ¿De veras? *(Muy contenta.)* ¿Has
> oído, Cris? ¡Está sola en el mundo!
> MARTA.—Pero ¿es que se alegra de que yo esté sola
> en el mundo?

---

[2] RUIZ IRIARTE, Víctor: *El Café de las Flores*. Ediciones Alfil.
Madrid 1953, pág. 61.

[3] RUIZ IRIARTE, Víctor: *El Café de las Flores*. Ediciones Alfil.
Madrid, 1953, pág. 62.

[4] RUIZ IRIARTE, Víctor: *El Café de las Flores*. Ediciones Alfil.
Madrid, 1953, pág. 22.

CRIS.—¡Claro!

MARTA.—¡Ay! ¿Por qué?

LAURA.—Porque nosotros estamos solos... Deje de llorar y venga con nosotros [5].

Esta soledad, al ser compartida con otros, deja de ser una problemática en las obras que nos ocupan. Toma un cariz diferente la situación, y la angustia que origina la soledad pasa a otros planos de acción.

En cambio, cuando esta soledad no está compartida y al no encontrarse una salida, el personaje queda limitado a refugiarse en sí mismo:

LOLÍN.—Es que a veces me siento terriblemente desgraciada, ¿sabes?

TOMY.—¿Y por qué?

LOLÍN.—Porque estoy muy sola... Tú te vas por ahí o te metes con tus librotes, porque eres muy intelectual; Maribel se va por ahí. Y pase lo que pase me quedo yo sola [6].

Así como la soledad la utiliza Ruiz Iriarte como un ingrediente más en su obra para conseguir el fin de mostrar a la sociedad con faltas, precisamente por no haber demasiada comprensión, el tema del amor es la base principal de la que parte toda la finalidad moralizadora de su mensaje. El amor es en ellas más que un recurso ingenuo, como a simple vista pudiera parecer, todo un fin, porque personajes e ideas están supeditados a él. La complicación escénica que se deriva de las distintas situaciones le sirve para ir desarrollando la acción, y el final siempre queda como un triunfo del amor sobre todo lo demás.

---

[5] RUIZ IRIARTE, Víctor: *El Café de las Flores*. Ediciones Alfil. Madrid, 1953, pág. 25.

[6] RUIZ IRIARTE, Víctor: *El Carrusel*. Ediciones Alfil, 1965, página 22.

«El carrusell»

«El landó de seis caballos»

Los obstáculos que impiden conseguir los fines amorosos—las circunstancias, los padres o la propia voluntad de uno de los enamorados—al final se resuelven feliz y graciosamente.

No hay una sola obra de Ruiz Iriarte en la que el amor
no sea el principal motivo. Las escenas de amor están
tratadas muy a nuestro tiempo. No tiene un punto de
arranque del teatro romántico, porque el amor aquí
no es trágico ni destruye. Todo lo contrario. Ruiz
Iriarte lo presenta como la gran llama en la que la sociedad encuentra su energía y por sí solo es capaz de
redimir todas las culpas de la humanidad. No es un
amor sensiblero para conseguir conmover al público,
sino que lo presenta como supremo eslabón para unir
no sólo a los individuos, sino éstos a una comunidad
más amplia y total: la sociedad.

Víctor Ruiz Iriarte pone en todas sus obras el amor
como música de fondo, línea argumental y sentimiento
purificador. Este sentimiento lleva consigo, la mayoría de las veces, una perfección en el individuo que lo
redime de una vida anterior de pecado y liviandad.

Con habilidad extraordinaria despliega una amplia gama
de facetas que le hacen un maestro en la exposición de
temas amorosos. Hay multitud de enfoques y soluciones que están agudamente estudiados; vistos con sutil
espíritu de observación al medio que le rodea y llevados
a las tablas con un peculiar gracejo, con aparente ligereza y frivolidad, pero que no les exime de un valioso
fondo sentimental, poético y enternecedor.

El amor por sí solo es capaz de transformar a una muchacha frívola e intrascendente, como nos presenta a
Maribel, una de las hijas, en *El Carrusel:*

> RAMONÍN.—¡Si no lo veo no lo creo! Maribel, una
> chica tan frívola, tan coqueta... y tan
> mona. Y de pronto se sube a un ca-

> ballito de la verbena y se cree que es
> Juana de Arco...
>
> TOMY.—*¿Qué quieres?* Es el amor... [7]

Con ese retratar el momento actual y adaptarse a los
gustos del día, Ruiz Iriarte va con la tónica de su
tiempo:

> VERÓNICA.—De modo que él quisiera una mujercita
> dócil, humilde, de esas a la antigua.
> ¡Ah, no! Eso, no. Así era yo en los
> primeros tiempos de nuestro matrimo-
> nio. Una pazguata, una tonta, una ri-
> dícula. ¿No se lo ha dicho a usted?
> ¿No le ha dicho que él tiene la culpa
> de que sea lo que soy? ¿Sabe usted
> por qué he cambiado? Porque en
> aquellos tiempos, Gabriel admiraba con
> toda su alma a las mujeres muy mo-
> dernas, que hacían deporte y juga-
> ban a las cartas. Se le iban los ojos
> detrás de ellas. Yo sabía que en cual-
> quier momento se me escaparía detrás
> de una mujer así. Y para no perderle
> me dispuse a ser una mujer como las
> que a él le gustaban entonces. Y lo
> conseguí. Al poco tiempo era yo más
> atrevida que ninguna. Gané la carre-
> ra de automóviles, aprendí a montar a
> caballo, empecé a fumar muchísimo y
> a beber un poquito... Después me
> fui acostumbrando y, claro, ahora re-
> sulta que hago trampas al «bridge».
> Como todas mis amigas... Pero él lo
> ha querido así [8].

---

[7] Ruiz Iriarte, Víctor: *El Carrusel.* Ediciones Alfil, 1965,
pág. 34.
[8] Ruiz Iriarte, Víctor: *Cuando ella es la otra.* Ediciones
Alfil, 1952, pág. 49.

Hay un acoplarse al tiempo en que vivimos y en querer-
nos presentar una sociedad en evolución, sin mirarse si
este cambio es para bien o para mal. Ruiz Iriarte no
repite tópicos estereotipados de la sociedad española, tal
como nos querían ver otros. Va con su tiempo, y así
lo refleja en su obra:

> FERNANDO.—Creo que tienes razón. Dejémonos de
> discusiones inútiles. Dejémonos de pe-
> lear a la española por una mujer. Des-
> pués de todo, nuestro problema es más
> sencillo de lo que parece. Aquí nos
> tienes a todos tus admiradores, Tere-
> sa. A tus pies. La decisión, por tan-
> to, ha de ser tuya... [9]

El amor es lo milagroso de la vida. Cualquier cosa que
toca queda transformada, y la línea de conducta es me-
jorada y con un nuevo impulso que no existía antes:

> TERESA.—De pronto, un día, cuando Marita tenía
> quince años, me di cuenta de que mi hija
> tenía su primer novio. Nunca me lo con-
> fesó... Pero no hizo falta. ¡Si tú su-
> pieras cómo se transformó aquella chi-
> quilla! A todas horas le brillaban los
> ojos, tenía la frente ardiendo, hablaba,
> reía, gritaba, ¡qué sé yo!... A mí mis-
> ma me quería más que nunca. Una no-
> che, por casualidad, la oí hablar por te-
> léfono con él. Y no la reconocí. No
> era mi niña. Era una mujer que yo no
> conocía... ¡Qué palabras! ¡Cuánta ter-
> nura, cuánta pasión, cuánta entrega, cuán-
> ta felicidad!... Aquello, Fernando, que

---

[9] RUIZ IRIARTE, Víctor: *La vida privada de mamá*. Ediciones
Alfil, 1956, pág. 58.

hacía feliz a mi hija, era el amor. ¡El
amor! El único milagro que ocurre todos los días [10].

La abnegación, la renuncia a la propia felicidad, queda
implícita en este mismo sentimiento y cuando nos presenta una mujer enamorada, es capaz de todo, incluso de
adaptarse a un amor acomodaticio del esposo y en la
espera de que su actitud vuelva a tenerlo junto a ella:

CÁNDIDA.—Me quieres de un modo muy curioso.
Me quieres cuando vuelves de la aventura con otras mujeres. Me quieres
cuando regresas a casa después de toda
una noche de ausencia. Me quieres
siempre a la vuelta de algo. ¿No crees
que ese cariño resulta un poco egoísta,
Ricardo? ¡Oh! Ya sé que soy para
ti el reposo, la paz, la convalecencia...
Todo eso tan bonito. Y tan triste, triste [11].

El amor no se predica por el deseo de la recompensa,
sino más bien como algo natural, al que todos estamos
avocados y al que Ruiz Iriarte no rehuye expresarlo de
cualquier manera. No hace distingos en que éste sea
solamente el santificado por el Sacramento del Matrimonio, sino que es como una fuerza natural limpia de culpa cuando es sincero. Por esto, Tomy quiere excusar
su falta de haber seducido a la criada de una manera
sencilla y rectilínea en el diálogo que sostiene con su
padre:

TOMY.—¡Qué alegría me das! Yo ya sabía que
estarías a mi lado. Yo ya sabía que me
comprenderías. Pero si tiene que ser así.

---

[10] RUIZ IRIARTE, Víctor: *La vida privada de mamá*. Ediciones
Alfil, 1956, pág. 39.
[11] RUIZ IRIARTE, Víctor: *Juego de niños*. Ediciones Alfil, 1959,
pág. 17.

¿Verdad, papá? Después de todo, nadie puede oponerse al amor. El amor no es un pecado. El amor es cosa de Dios. ¿No crees, papá? Y un hijo... ¡Oh, un hijo, un hijo! Es algo tan grande, tan importante, tan extraordinario. ¡Je! ¿Verdad, papá? Mira, papá. Figúrate que yo nunca había besado a una chica. Pero cuando la vi tan cerca de mí, tan sencilla, tan pura, tan enamorada...[12]

Ruiz Iriarte hace la defensa de este amor que ha nacido de una manera espontánea entre los muchachos, Tomy y Mónica, la doncella, condenando a la sociedad, que trata y consigue destruir a esta pareja que no siguen las reglas por ser de diferente clase social. Los padres quedan horrorizados al saber que el hijo fruto de la relación entre ellos va a ser motivo de crítica social y tratan por todos los medios de ocultarlo.

En ocasiones, este sentimiento adopta matiz maternal, que hace derivar al amor a un grado de pureza y elevación espiritual notable:

> PALOMA.—Es un niño. Un verdadero niño. No sé qué voy a hacer con él. El pobre no se da cuenta de que yo le quiero. Pero le quiero como una madre. Y ya sabéis vosotras lo que es eso...
>
> SILVIA.—¿Qué va usted a decirnos, señorita? Yo también soy muy madre...
>
> PALOMA.—Todas, todas somos muy madres. Pero estos infelices no lo saben... [13]

Otras veces se revela con ligero y frívolo sentido de su-

---

[12] RUIZ IRIARTE, Víctor: *El Carrusel*. Ediciones Alfil, 1965, pág. 74.

[13] RUIZ IRIARTE, Víctor: *La cena de los tres reyes*, 1955, pág. 15.

perficialidad, que no atiende más que al puro capricho y gusto pasajero, como el de una niña que apetece con deseo infantil un nuevo juguete para aumentar su colección:

> PALOMA.—Entonces, mejor todavía. ¡Silvia! Entre todos los hombres que he enamorado me falta un príncipe. Y esta noche voy a hacerle el amor al príncipe Federico... [14]

Puede verse el amor con ese aspecto absorbente, totalitario, del amor que exige la mujer, la entrega absoluta, y que se apoya sobre todo en la virtud y castidad femenina:

> JORGE.—¿Todavía no me comprendes? ¡Torpe! Yo amaba en ti lo otro. ¡Lo que has perdido! Yo amaba en ti tu pudor, tu castidad pueril de niña. Yo amaba en ti la muchacha que enrojecía cuando yo le pedía un beso, la virgen heroica que sabe resistir un día y otro. Yo amaba en ti la mujercita furiosa que sabe rechazar una caricia. Yo amaba en ti tu fuerza, que contenía mis deseos un día y otro. ¡Yo amaba en ti tu verdad¡ ¿Por qué has cedido, Jeannette? *(Casi ahogado de rencor.)* ¡Yo amaba en ti todo lo que has perdido esta noche! [15]

El amor espiritual está bien observado y se manifiesta en múltiples afirmaciones de diferentes personajes. En estos casos, a Ruiz Iriarte no le importa que el sujeto

---

[14] Ruiz Iriarte, Víctor: *La cena de los tres reyes*, 1955, pág. 35.

[15] Ruiz Iriarte, Víctor: *Juanita va a Río de Janeiro*, 1954, pág. 146.

que lo inspira tenga defectos graves cuando la sinceridad de sus sentimientos puede regenerarlo.

No puede faltar en la obra de Ruiz Iriarte el adulterio. A sus personajes los envuelve en él, al no poderle esquivar por ir tan cercano al amor. Y no es de extrañar si vemos la gama de motivos típicamente amorosos que se encuentran en su obra. El amor lleva inherente el odio, los celos, la envidia, deseo, sed de venganza, etc. Dentro de todos estos acompañantes del amor, Ruiz Iriarte trata los menos violentos y los ve de una manera pacífica—lo que pudiéramos llamar sociable—, sin llegar a producir el adulterio, sino como un juego social, en el que el papel femenino está limitado a rozarlo o a caer en él, sin que por ello provoque tragedia al tipo de nuestro Siglo de Oro.

Quizá al tratar el tema del adulterio es donde podemos ver la influencia francesa en Ruiz Iriarte; pero el adulterio en su obra a veces es mentido, simple murmuración o engañosa suposición.

No trata Ruiz Iriarte el adulterio femenino con el mismo descaro que el del hombre. Este fenómeno es lógico en un autor español, el que, por mucho que haya prescindido de antiguas fórmulas de nuestro teatro nacional, al adaptarse a la realidad y no ser tan frecuente el adulterio femenino como en otras naciones, lo pone en menor escala que el cometido por el hombre. Acepta el supuesto de que el hombre español tiene más derecho a buscarse devaneos amorosos fuera del matrimonio, con más completa libertad, la que se le niega a la mujer.

En realidad, no hay poco en el teatro de Ruiz Iriarte de adulterio; pero si lo comparamos con otras literaturas resulta ridículo y pacato. El triángulo—el eterno «triangle» de los ingleses—no se ve en ninguna situación. El adulterio, al ser tratado por Ruiz Iriarte, lo hace como crítica de una sociedad moderna que trata de imitar a corrientes de fuera de España, y las más de las veces—y en esto nos referimos a la mujer—es un esfuerzo de apariencias externas, y no un sentimiento íntimo.

En *Cuando ella es la otra* nos presenta la absoluta tranquilidad con que Gabriel, el protagonista, admite como lógica su postura de amar a Patricia, la jovencita a quien se siente ligado por la simple razón de que se ha cansado de su legítima esposa:

> GABRIEL.—Ya lo sé. *(Conmovido.)* Eres tan buena..., tan ingenua. Precisamente por eso te quiero. Eres tan distinta de mi mujer. Verónica, mi mujer, siempre me pone un poco de mala intención en lo que dice. Tú, jamás. Ella es tan desparpajo que tanto me mortifica. Tú eres tan tímida, tan dócil. Y en lo moral, no digamos. Con decirte que Verónica lee las novelas fuertecitas antes que yo, para ver si yo puedo leerlas...
>
> PATRICIA.—*(Sensatamente.)* Estas mujeres modernas... ¿Verdad que si todas fueran como yo la sociedad no estaría tan pervertida? ¿Qué hubiera dicho de mí todo el mundo si yo me hubiera fugado con un hombre casado sin saberlo su mujer? [16]

Por lo que antecede vemos claramente la relación directa que tiene con el teatro benaventino y nos trae recuerdos de *Señora Ama*. También vemos cómo la sociedad aceptaría sin demasiado escrúpulo de conciencia que un

---

[16] RUIZ IRIARTE, Víctor: *Cuando ella es la otra*, 1954, págs. 10 y 11.

marido le fuera infiel a su esposa cuando hay poca afinidad entre los esposos. La mujer adulterina tiene su código de moral, a veces más estricto que el legítimo. Otro de los personajes de esta misma obra asegura:

> BOBBY.—¡Je! Es tan difícil que usted los entienda... *(Sonríe.)* Verónica, hija mía: en la vida no se puede vivir sin moral. Por eso, cuando una mujer pierde la auténtica moral se inventa otra a su gusto para seguir viviendo. ¿Entiende usted ahora? Patricia tiene una moral para ella solita. Una moral muy curiosa, que le permite tener siempre, uno tras otro, lo que se llama un protector. Ahora bien, es incapaz de engañar a ninguno; ésa es, precisamente, su moral. Figúrese usted si lo sabré yo. Antes de entrar en relaciones con su marido me ha despedido a mí. No se puede ser más decente. Yo, la verdad, le estoy agradecidísimo... ¡Ah! Si el pretendiente es casado, entonces Patricia le obliga a elegir entre ella y su mujer legítima. La muchacha es enemiga del adulterio: no le gusta, vaya. No me negará usted, desde el punto de vista de su moral, que Patricia es de una decencia de lo que no hay... Como que por eso tiene tanto éxito. A los hombres, cuando buscan una amante, les gusta que sea así, muy mujer de su casa... Vamos, lo más decente posible [17].

En líneas más adelante vemos claramente la lección al presentarnos la faceta negativa de este pecado, pese a que sea creencia común el parecer de que entraña un

---

[17] RUIZ IRIARTE, Víctor: *Cuando ella es la otra,* 1954, pág. 39.

9

verdadero éxito que satisface totalmente el espíritu masculino. Víctor Ruiz Iriarte muestra, con la agudeza que le es peculiar, al tratar este problema, el profundo fracaso que el adulterio encierra:

GABRIEL.—¡No! En el adulterio no se puede ser más que la víctima. Es la única postura brillante y cómoda. ¡Como que casi envidio ahora a los maridos engañados! Por algo en el teatro son siempre personajes de gran público... En este caso mío todavía hay algo más grotesco para mí. Sí. La víctima es mi mujer... ¡Mi mujer! ¿Cree usted que a mi mujer, que juega con todos, se la puede considerar víctima de nadie, pase lo que pase? *(Transición.)* Escuche usted, Bobby. Yo me había refugiado en Patricia huyendo de mi mujer, porque descubrí en Patricia todo lo que yo hubiera deseado encontrar en Verónica. Una docilidad, una modestia, una dulzura. ¡Otro cariño! Para Patricia, mis pequeños caprichos son órdenes. Para Verónica son..., ¡pshe!, caprichos ¿Se entera usted? Esa Patricia, mi Patricia, no sé si la real o la que yo soñaba, era el ideal. ¡Mi querido ideal! ¡Me sentía orgulloso de ella! *(Transición.)* Pues bien, esta mañana, en mi presencia, mi mujer ha dejado en ridículo a mi ideal... ¡Y en qué ridículo, Bobby! Verónica no sólo ha puesto en ridículo la idea maravillosa que yo tenía de Patricia, pobre Patricia, sino que ha ridiculizado también todos mis sueños de diez años. ¡Todas mis antiguas ilusiones de libertad me han parecido de pronto grotescas! ¡Mi mujer ha matado mi ideal!

¡Bobby! ¡Mi mujer es una delincuente! [18]

Se ensaña también con la frivolidad actual, en que una sociedad inconsciente y ligera hace aparecer este grave pecado como algo sin importancia, intrascendente y banal. Expone duramente la falta de rectitud y formación moral que revela el tratar de un tema tan serio como éste de la forma absurda con que Rita lo expone:

> RITA.—... Resulta que la infeliz lleva tres años acostándose con Enrique Cifuentes. Y ahora, cuando la chiquita empezaba a hacerse ilusiones, y con razón, creo yo, ahora, Enrique, que es un fresco, ya se sabe, porque antes era un escritor muy del régimen, y de la noche a la mañana se ha hecho de la oposición, va, la deja plantada y se dispone a casarse, aunque dicen que ya está casado en Méjico o así, con una viuda de San Sebastián. Teresa Renovales, ¿la recuerdas? La conocimos en Zarauz, cuando nos presentaron a los belgas. Una aristócrata, eso sí, nadie lo niega. Pero, hijito, una aristócrata rarísima: ni le gusta el folklore, ni tiene casa en Marbella, ni es amiga de Picasso... Una pena. Lina, claro, la pobrecita, está furiosa. Y con razón. Porque lo que ella dice: si es por política, yo soy tan monárquica como la Renovales y, además, estoy de guapa como para parar un tren. Claro que la infeliz tiene una idea muy modesta del ferrocarril. Pero, en fin... [19]

Prescindiendo de ciertos momentos en su obra en que

---

[18] RUIZ IRIARTE, Víctor: *Cuando ella es la otra*, 1954, pág. 45.
[19] RUIZ IRIARTE, Víctor: *El Carrusel*. Ediciones Alfil, 1965, pág. 11.

el adulterio es aceptado, principalmente por los que se
llaman «buena sociedad», la tónica general es la que da
el concepto de que, en realidad, se trata no de algo
grave y serio, sino de un juego, del eterno juego femenino que la sociedad actual disculpa, admite y hasta en-
cubre con formas de buena educación y apariencia de
amplitud de criterio:

> DANIEL.—¡Je! Tengo que reconocer que, por en-
> tonces, Rosa se dedicaba a despertar los
> celos de mi mujer. No sé por qué. Bue-
> no, en realidad, sí lo sé. Es su eterno
> juego. Todo el mundo tiene un juego.
> Mi mujer, naturalmente, juega a lo con-
> trario. Pero también juega. Es la vida.
> *(Se vuelve ligeramente hacia el Comisa-
> rio, que le escucha en silencio.)* Sí, sí.
> Ya sé, señor Comisario; ya sé lo que está
> usted pensando. Todos nosotros somos
> muy frívolos. Bien. Acepto el repro-
> che. Pero ¿es que podemos ser de otro
> modo? Esta frivolidad se ha impuesto
> en nuestras vidas poco a poco, de un
> modo insensible, casi, casi sin que nos-
> otros mismos nos diéramos cuenta [20].

Hay como una acusación implícita hacia la sociedad actual, que excusa devaneos ilícitos influenciados por el
ambiente. La hija de este matrimonio de *Carrusel* per-
dona también y hasta encuentra normal este pecado de
su propio padre:

> LOLÍN.—... Y de papá, no hablemos: entre sus
> grandes empresas industriales y el adulte-
> rio, porque las señoras se lo rifan, no está

---

[20] Ruiz Iriarte, Víctor: *El Carrusel.* Ediciones Alfil, 1965,
pág. 14.

para nada. *(Un suspiro.)* Esta noche tiene una cena en una Embajada, ¿sabes? Ayer hubo flamenco y jaleo. Y, a lo mejor, mañana se van a Torremolinos. ¡Ay! ¡La «dolce vita» a la española! Lo normal entre la gente mayor, que lo pasa de primera [21].

Hay una insistencia manifiesta en manejar el adulterio, aunque, como hemos dicho anteriormente, sea el hombre el que más incurra en él. La mujer, la mayoría de las veces, lo ve a la manera española de repudiarlo:

CÁNDIDA.—Sí, ya sé, ya sé. Conozco muy bien a esa clase de mujeres. Esas, ésas son las que tienen el marido a sus pies: con sus mimos, con sus carantoñas, con sus frivolidades. Tienen amigos, coquetean con ellos. Juegan con el peligro sin quemarse. Una mirada es como un beso. ¡Ah! Pero un beso es inmoral, casi un adulterio. Una mirada no es nada... Ni siquiera pecado. ¿Quién puede decir nada de una señora tan encantadora? Así triunfan, un día y otro. ¡Siempre! Y mientras el pobre marido, con los ojos bien abiertos, vigilándola, mimándola, como un esclavo, para que no se le escape, para no perderla... *(Un hondísimo suspiro.)* ¡Quién fuera como ellas! *(Un silencio....Parece que responde a una sugerencia ajena.)* ¡Qué tontería! Pero si sería inútil. Si no sé. Soy una ignorante. Una pobre mujer tonta y anticuada. ¡Pobre

[21] RUIZ IRIARTE, Víctor: *El Carrusel.* Ediciones Alfil, 1965, pág. 22.

de mí! Yo, coqueteando... Por Dios. Sería ridículo, ridículo [22].

Es curioso el acercamiento que hay en la obra de Ruiz Iriarte con la de Benavente en este tema; pero por no tener cabida en este trabajo hemos de soslayarlo, aunque nos obligue en la cita:

> CÁNDIDA.—... Te he perdonado tus veinte años de infidelidades. Tú no me has engañado por frivolidad, ni siquiera por capricho, mi pobre Ricardo. Has sido marido infiel porque no has tenido más remedio que serlo. Porque el peligro te atraía y tiraba de ti y jugaba con tu voluntad. Es maravillosa esa fascinación de lo peligroso... Bien lo sé ahora. Esta noche acabo de oír palabras de amor de otro hombre que no eras tú. Y sé que me ha gustado oírlas... *(Sonríe.)* Ya ves, ahora no podría juzgarte mal, querido Ricardo. He descubierto que a mí también me atrae el peligro... No debe extrañarte. Después de todo, yo también soy un ser humano como tú [23].

El supuesto de la infidelidad conyugal es como una premisa y se ven en toda su obra ejemplos de ella. En *El aprendiz de amante* se da un paralelismo:

> CATALINA.—... Yo sé que un día me engañarás. Un hombre como tú no puede ser fiel eternamente. Mira, Andrés; yo soy muy moderna, ¿sabes? Una mujer como yo puede permitirse el lujo de ser

[22] RUIZ IRIARTE, Víctor: *Juego de niños*. Ediciones Alfil, 1959, pág. 25.

[23] RUIZ IRIARTE, Víctor: *Juego de niños*. Ediciones Alfil, 1959, pág. 52.

sincera... ¿Entiendes? Si un día me
engañas, no es que me alegre, naturalmente; pero no te pongas demasiado
colorado. La fidelidad en las mujeres
es un encanto más. En los hombres
es casi un defecto... Hay algo más
maravilloso que querer a un hombre.
Y es que nos quiera un hombre que
vuelva locas a las demás. En el fondo, a muy pocas mujeres inteligentes
les disgusta que su marido las engañe
un poco de cuando en cuando. Es-
candalizan porque es lo correcto... Pero te aseguro que es magnífico saber
que una es dueña del sueño de otras
mujeres. Es un placer extraordinario... Pero no está al alcance de cualquier mujer [24].

Al hacer del amor en el teatro de Ruiz Iriarte el tema
principal, los celos tienen que aparecer para ayudarle
en muchas ocasiones a expresarlo. A veces son celos
que pudieran llegar a lo trágico, pero nunca se desarrollan con la fuerza que tenían en el teatro anterior y se
deslizan a un terreno acomodaticio más con las circunstancias de la sociedad actual.

Otras veces lo utiliza como medio para mostrarnos un
delicioso diálogo o para expresar la banalidad de las
personas de la «buena sociedad»:

RITA.—¡Calla! Me engañas, me engañas. Estoy
segurísima. ¡Ah! Si lo sabía yo. Si mis
presentimientos no fallan nunca. ¡Dios
mío! Pero ¿cómo no me he dado cuenta
antes? Si estaba clarísimo; si había que

---

[24] RUIZ IRIARTE, Víctor: *El aprendiz de amante*. Ediciones
Alfil, 1952, pág. 20.

verlos esta noche mirándose a los ojos como dos idiotas. ¡Daniel! Acepta la res-
ponsabilidad de tus propios actos y confiesa. Di la verdad. Di que me engañas con
ésa, con esa...

DANIEL.—Pero, Rita, sé razonable. ¿Tú crees que
éste es un buen momento para hacer una
escena de celos? [25]

Al no haber grandes conflictos en toda la obra de Ruiz
Iriarte es muy natural que, aunque utilice los celos en
multitud de situaciones, eluda las escenas violentas, sin
embargo, se ve una clara crítica de cómo los celos han
evolucionado hasta llegar a ser un mero diálogo plá-
cido:

RITA.—¡Ay! Adoro la primavera, no lo puedo remediar. ¡Tiene tantos recuerdos para mí!
Cuando yo era una muchacha me enamora-
ba todas las primaveras. ¡Todas! Era fatal. Hasta que conocí a papá y me prohi-
bió que me enamorara de cualquier otro.
¡Ah! Entonces papá era muy celoso. Claro que estábamos en mil novecientos cuarenta. Acababa de terminar la guerra y todos
los hombres eran tan españoles. Pero, hijito, luego se impuso el contacto con el mundo, nos hicimos europeos y se acabó... [26]

A Ruiz Iriarte no se le escapa que la familia española
es una de las pocas instituciones sólidas que han per-
manecido unidas a través de los siglos. Por eso no había de faltar en su obra una crítica al ver que en los
tiempos actuales hay indicios de relajamiento. Contra
esto alza su voz y nos da quizá su crítica más acerba

---

[25] RUIZ IRIARTE, Víctor: *El Carrusel.* Ediciones Alfil, 1965,
pág. 43.
[26] RUIZ IRIARTE, Víctor: *El Carrusel.* Ediciones Alfil, 1965,
pág. 69.

y de fácil entendimiento. Aunque es un problema mundial, Ruiz Iriarte no hace eco en sus páginas de ello, solamente se circunscribe y escandaliza de los conatos de rebeldía entre los hijos hacia sus padres en el ámbito nacional. Sin darnos fórmulas para su solución, nos muestra solamente el fenómeno.

Para hacernos ver este problema como lo enfoca Ruiz Iriarte nada mejor que dejar hablar a uno de sus personajes mejor conseguidos, Rita, del *Carrusel:*

> RITA.—¿Los chicos? Me pareció que hace un momento andaban por aquí. Pero, ¡ay!, eso, con seguridad, no se sabe nunca. Estos hijos nuestros son de una independencia salvaje. Entran, salen, vuelven a entrar y vuelven a salir. Pero ¿de dónde vienen? ¿A dónde van? ¿Qué piensan? Un misterio. Tomy como es tan intelectual, nunca dice nada. ¡Vaya! Y menos mal que ya no lleva barba. Estaba horrible el pobrecito. De Ramonín, no hablemos. Un bohemio. De pronto se va, desaparece... Y más vale así, porque, la verdad, es que cuando se queda en casa y empieza a hacer pintura abstracta lo pone todo perdido. Maribel, ya se sabe, a todas horas con la pandilla. En el bar, en la «boîte» y haciendo locuras con el «seiscientos». Un día se romperá la cabeza y tendré que darle un cachete. Y con Lolín, la pequeña, tampoco se puede contar demasiado, porque como tiene tantísima imaginación, se pasa el tiempo viviendo fantasías. ¡Oh! ¡Qué hijos! Y cuidado que yo les predico, y les predico como un misionero. Me gustaría que me oyeras cuando les hablo del hogar y de la familia cristiana y de todo lo demás. Porque sí, hijito, porque yo soy así. Porque me gus-

ta el orden.   Porque soy una madraza, ¡ea!
Bueno, pues todo es inútil. ¡Ay! Esta
juventud... [27]

Existe un divorcio completo en esta familia, y cualquie-
ra de sus miembros nos da claramente el sentimiento de
su autor de repulsa:

> LOLÍN.—¡La familia! ¡Qué risa! Fíjate en nos-
> otras, que somos un ejemplo. Para em-
> pezar, papá y mamá nunca están en casa.
> Mamá, la pobre, lleva un trajín: con las
> tómbolas, las fiestas y los estrenos, se le
> pasan los días sin sentir [28].

Con todos los demás temas Ruiz Iriarte hace como un
juego escénico—un juego de niños—; pero la relación
familiar es algo intocable para Ruiz Iriarte y nos da el
sentimiento más patético de toda su obra al ver cómo
entre la clase alta de la burguesía las relaciones sociales
en que están absorbidos sus miembros han atacado la
integridad del hogar español.

La rebeldía de otra de las hijas del matrimonio de *Carrusel* llega a tal extremo, que para llamar la atención
de sus padres no vacila en pasar la noche con su novio
con tal de afrentarlos:

> MARIBEL.—¡Mamaíta¡ ¡Preciosa¡ Tengo que con-
> tarte algo estupendo, fantástico, maravi-
> lloso...
> RITA.—¡Hijita, por Dios! Es tardísimo. Da-
> te cuenta. La pobre mamá está muy
> cansada. De veras. Mañana, mañana
> me contarás todo eso...

---

[27] RUIZ IRIARTE, Víctor: *El Carrusel*. Ediciones Alfil, 1965,
pág. 11.
[28] RUIZ IRIARTE, Víctor: *El Carrusel*. Ediciones Alfil, 1965,
pág. 22.

MARIBEL.—¿Cómo no ha comprendido mamá que yo la necesitaba esta noche? Es mi madre. Tenía que saberlo, tenía que adivinarlo. Pero no podía saber nada, no podía adivinar nada. Estaba en otro mundo, en su fiesta, con sus amigos, con sus celos estúpidos...

LOLÍN.—¡Hay que ver! Pero ¡qué frívolos son! [29]

Todos los hijos de esta familia se dan cuenta de la separación que existe entre ellos. Lolín, la soñadora, trata de disculparlos y nos da la clave y el porqué de esta obra de Ruiz Iriarte:

LOLÍN.—*(Con melancolía.)* Sí, nos quieren, ¿sabes? Pero a su manera, que es una manera rarísima. Nos quieren mucho cuando llega la catástrofe, cuando se asustan, cuando tienen miedo. Como cuando tú te rompiste un brazo en el baloncesto y Ramonín estuvo tres días sin aparecer por casa y a mí me dio la pulmonía... A veces me pregunto qué sería de esta familia si no fuera por mí, que siempre pongo las cosas en su sitio... [30]

Las situaciones entre padres e hijos están tratadas con mucho desenfado, muy «a la moderna». Hay un exceso de confianza y esto lo podemos ver en *Juego de niños,* en que un padre, Ricardo, juerguista, es sorprendido por los hijos cuando regresa de una de sus correrías:

RICARDO.—Mira, Rosita. Necesito entrar en mi

---

[29] RUIZ IRIARTE, Víctor: *El Carrusel.* Ediciones Alfil, 1965, pág. 44.

[30] RUIZ IRIARTE, Víctor: *El Carrusel.* Ediciones Alfil, 1965, pág. 46.

cuarto sin que se enteren los muchachos. Tú ya los conoces. Mis hijos y
mi sobrina no me tienen ningún respeto, y en estas ocasiones abusan... Si se
enteran de que no he pasado la noche
en casa estoy perdido. Después, si es
preciso, ya inventaré algo...

TOMY.—¡Manolín! Tengo una sospecha. Me
parece que papá no ha dormido esta
noche en casa.

MANOLÍN.—Pero ¡si ya hacía tiempo que no tenía-
mos que regañarle!...

TOMY.—Pues ya ves. Está visto que a los padres no se les puede dar alas...

MANOLÍN.—Dicen los estadistas que el noventa por
ciento de los padres de familia que des-
aparecen durante la noche, por la mañana no pueden explicar dónde han estado. Hay un diez por ciento que lo
explican todo. Pero es mentira. Tú
eres de ese diez por ciento, papá... Así
no se puede educar a un padre [31].

Con esa actitud equívoca de los padres, la lección moral y la disciplina interna en la familia es difícil de conseguir. De ello resulta la falta de respeto que los hijos sienten y lo difícil que es la relación entre padres
e hijos.

El reflejo de la actitud moderna de esta relación mal
enfocada queda patente en lo siguiente:

CÁNDIDA.—¡Ay, ay, Dios mío! ¡Qué cosas se ha-
brán dicho! Mira, Ricardo, yo estoy
asustada con estos muchachos. Son in-
corregibles. Dicen y hacen verdaderas
barbaridades. Claro que la culpa es tu-

———
[31] RUIZ IRIARTE, Víctor: *Juego de niños*. Ediciones Alfil, 1959,
pág. 11.

ya. ¡No sabes ser padre! ¡Eso es todo! Juegas a las cartas con Tomy y
os hacéis trampas el uno al otro. Te
pones a boxear con Manolín y hay que
ver el pequeño cómo se aprovecha y
las palizas que te da. Y, por si fuera
poco todo eso, te hacen muchísima gracia los modernismos de mi sobrina, que
a mí me producen escalofríos. Yo no
sé dónde ha aprendido esa chica todo
lo que sabe. Cuando termine sus estudios y la devolvamos a su casa no sé
lo que va a pensar de nosotros y de
Madrid su madre, mi pobre hermana,
tan anticuada y tan apegada a su provincia [32].

Las relaciones entre marido y esposa están presentes en
multitud de momentos esparcidos por toda la obra. Hay
mucha sutileza y gracejo. Resumiendo: Podemos decir
que hay un crítica al querer la mujer usurpar los derechos del hombre y la tendencia hacia un abuso de las
libertades de la mujer:

TERESA.—Pero, María... ¿Quieres callar? Alfredo y Marita van a ser muy felices,
ya verás. Están muy compenetrados,
¿sabes? El hace siempre lo que ella
manda... [33]
MARCELO.—... Porque su marido, por muy liberal
que sea, es un marido español. Y un
marido español, por seguir la tradición,
es capaz de cualquier barbaridad [34].

---

[32] Ruiz Iriarte, Víctor: *Juego de niños.* Ediciones Alfil, 1959,
pág. 15.
[33] Ruiz Iriarte, Víctor: *La vida privada de mamá.* Ediciones
Alfil, 1956, pág. 11.
[34] Ruiz Iriarte, Víctor: *Juego de niños.* Ediciones Alfil, 1959,
pág. 11.

En la última obra aquí tratada, *El Carrusel,* la actualidad está muy puntualizada con hechos de las relaciones sociales muy circunscritos al momento actual. La crítica es más mordaz que en sus obras anteriores y la alusión va más directa:

RITA.—Te advierto que estoy molida. Me duele todo, todo. Hoy ha sido para mí un día terrible. ¡Figúrate! Por la mañana, una tómbola. Claro que, eso sí, las niñas pobres estaban monísimas, monísimas, llenas de lacitos azules por todas partes; las monjas, unas santitas, y el obispo, un encanto de hombre. Pero, hijito, después, a mediodía, ese horrible almuerzo... *(Se calla. Y de pronto.)* ¡Daniel! ¿Dónde hemos almorzado hoy?

DANIEL.—¡Qué pregunta! ¿Ya no te acuerdas? En «El Parador», con los americanos...

RITA.—¡Quiá! Eso fue ayer...

DANIEL.—¡No! Ayer comimos en el campo.

RITA.—Estás fatal, querido. Lo del campo fue el miércoles. Lo recuerdo muy bien... Me constipé.

DANIEL.—¡Calla! Tienes razón. Pero, en fin, yo juraría que hoy hemos almorzado con los americanos...

RITA.—¡Qué lata! ¿No crees?

DANIEL.—Mujer...

RITA.—Bueno. Después de todo, peor fue lo de esta tarde. ¡Calcula! ¡Un té a beneficio de los suburbios! ¡Jesús! ¡Qué pesada se pone la duquesa con los suburbios! ¡Si dicen que ya no quedan! Pero, hijo mío, está visto que la aristocracia no sabe prescindir de los pobres... Por cierto, allí estaba Lina Mendoza. ¿Conoces?... Esa estrella de cine tan..., tan..., tan española, pobrecita. Nos presentó la duquesa, y en seguida nos hicimos muy amigas.

DANIEL.—Me figuro que, sobre poco más o menos, la gente de siempre. Algún personaje oficial, la condesa, los Santonja, nosotros; qué sé yo... [35]

Con esta cita, mejor que con palabras, se puede apreciar que en esta última obra de Ruiz Iriarte no sólo roza «lo social» y el costumbrismo, sino que lo expone abiertamente. La crítica es más afilada, separándose de su tónica anterior; es más abierta y punzante, y al enumerar los defectos que él ve en estos momentos en la sociedad española nos los enumera sin llegar a tratar de las soluciones:

RITA.—... Tus actividades exigen de ti una vida de fiestas, viajes, partidas de caza, todo eso. ¿Cuál puede ser mi papel en estas circunstancias? Acompañarte, estar contigo. Es mi deber. A veces, naturalmente, es un deber duro. Pero no importa. Yo me sacrifico, y en paz [36].

Basándonos en la última obra vemos cómo hay un encauzamiento a criticar más acerbamente temas y hechos que él antes había esquivado:

RITA.—¡Daniel! ¡Amor mío! Esto es, sencillamente, espantoso. Yo no lo resistiré. ¡Un hijo natural en esta casa! ¿Qué dirá la gente? ¿Qué dirá la duquesa? ¿Qué dirá el obispo? ¿Qué dirá Lina Mendoza, que es tan monárquica? [37]

[35] RUIZ IRIARTE, Víctor: El Carrusel. Ediciones Alfil, 1965, pág. 38.

[36] RUIZ IRIARTE, Víctor: El Carrusel. Ediciones Alfil, pág. 40.

[37] RUIZ IRIARTE, Víctor: El Carrusel. Ediciones Alfil, 1965, pág. 51.

No es una apreciación gratuita, sino fácilmente de ver, y nos remitimos a una cita de su obra *Cuando ella es la otra* [38], estrenada en 1952, y que responde plenamente a su manera de ser hasta ésta de *El Carrusel,* estrenada en 1964. De su visión y manera de interpretar la sociedad a lo puramente irónico e ingenioso ha pasado a una crítica que, sin perder su afabilidad, está más acentuada:

> BOBBY.—Da igual Es que ahora, con la civilización, todo es vodevil. Ya no hay tragedia más que en los pueblos...

[38] RUIZ IRIARTE, Víctor: *Cuando ella es la otra.* Ediciones Alfil, 1952, pág. 37.

CONCLUSION

HEMOS querido demostrar cómo Ruiz Iriarte tiene una gran maestría en el manejo de los resortes escénicos indiscutible y cómo ha puesto en la escena española una temática muy de acuerdo con el momento en que vive.

Sorprende desde sus primeras obras, cuando todavía no ha alcanzado la plenitud en la experiencia teatral, la madurez en su enjuiciamiento de la temática social, por lo que muestra que es un autor nato, ya que parece resolver por intuición y un detenido examen de la vida circundante, problema para los que otros necesitan años de práctica y retoques sin cuento.

En el teatro de Ruiz Iriarte apenas hay arqueología. Su atención se dirige a la vida en torno y de ella procura copiar personajes y motivos. En sus obras de tesis, mejor que temas retrospectivos y gastados, gusta manejar los actuales. Al estudiar la sociedad aparecen, en conjunto, tantos defectos como virtudes; pero todos ellos vistos a través de una visión poética y soñadora.

En general, son temas que encierran un fondo constructivo y en cierto sentido positivo, ofreciendo una moraleja, aunque disimulada, condenatoria del vicio. Suele escoger los vicios y defectos que la mayoría de las veces no llegan a delitos, pero que bordean el Código y lastiman la conciencia cuando no está anestesiada por la fuerza de la costumbre.

Hay una insistente repetición de temas, pero procura darles en cada obra una orientación original. Son temas de los que prefieren seguir viviendo según el conformismo fácil de las normas de una sociedad acomodaticia.

Los problemas, aunque matizados de humor e intrascendencia, son los eternos sobre el amor, siguiéndole el tema de la familia, las relaciones sociales y una enumeración de nuevas normas y costumbres en la sociedad. Proyecta su obra hacia la vida humana desde fuera, huyendo de la raíz de los problemas sociales, y enfoca las inquietudes colectivas en su apariencia externa. Hay una lucha diaria de los vivientes en busca de su felicidad, sacrificando a veces la creencia general de la gente, entablándose conflictos con la sociedad o con la propia conciencia. Las clases sociales que aparecen en su obra son: la burguesía, una clase media, a veces bien acomodada, que nos descubre sus trampas y su mal vivir para simular falsas apariencias y que está estudiada minuciosamente; la aristocracia raramente la pone en escena, y cuando lo hace no la trata con mucha benevolencia; no se encuentran representantes del pueblo trabajador ni de los conflictos que originan la lucha de clases. Cuando hace uso de algún trabajador, lo llena de ternura y delicadeza, sin que aparezcan el rencor de clases ni el odio entre ellas.

Teatro lleno de disciplina interna, permanente y rectilínea temática para darnos un mensaje y denunciar aspectos hoscos de la realidad social. Sus personajes son seres vivos, no entes imaginarios; seres que se mueven en
situaciones reales y no ficticias y que son llevados a su
fin por fuerzas vitales de la sociedad actual.

Sus personajes adoptan una actitud de denuncia—cada
vez más acusada—, de llamada, pero no angustiosa, hecha desde fuera, pero que son auténticas porque están
vistas a través de situaciones vivas.

Hay una diferencia fundamental entre Ruiz Iriarte y
los sociólogos teorizantes, y es que su llamada es de
aviso y cautela, y no de demagogias.

Su teatro es de gran fidelidad al tiempo en que vive y
a la sociedad que retrata, el moralizar que hubiera lu-
cido más a no haberse encerrado, quizá por condiciones
invencibles de la sociedad de su tiempo y del hecho
histórico de su tiempo, en una atmósfera de evasión
hasta cierto punto convencional. Tiempos donde la moral relativa se sobrepone a la moral absoluta y donde
muchos se han acogido a códigos morales hechos según
sus apetencias, y donde los instintos y las pasiones casi
nunca se presentan francos, desatados y resueltos, sino
cubiertos y velados con dobles cendales de respeto a
la opinión pública, al qué dirán y a la presión del momento histórico. No obstante estas trabas, Ruiz Iriarte
ha podido reflejar una sociedad en evolución con la
mayor veracidad posible. El año 1964 y su obra *El
Carrusel* marcan un cambio sorprendente. Este es el
motivo por el que el ensayo que aquí termina se haya
limitado a esta fecha y obra por creerlo conveniente
para su estudio. El análisis de sus obras posteriores re-
forzarán ideas que aquí sólo se enunciaban.

BIBLIOGRAFIA

Aragonés, J. E.: *El teatro y sus problemas.* Madrid. Ministerio de Educación Nacional, 1951.

Bell, A. F.: *Castilian Literature.* Oxford. The Clarendo Press, 1938.

Bell, A. F.: *Contemporany Spanish* Literature. Nueva York. Knopf, 1933.

Blecua, J. M.: *Historia de la Literatura española.* Zaragoza. Librería General, 1946.

Brenan, J.: *The Literature of the Spanish People from Roman times to the present day.* Cambridge. University Press, 1951.

Cejador y Frauca, Julio: *Historia de la Lengua y Literatura castellana.* Madrid. Tipografía de la «Revista de Archivos», 1951-52.

Chandler, R. E., y Schwartz, K.: *A new History of Spanish Literature Lousiana.* State University Press, 1961.

Chandler, F. W.: *The eternal triangle,* en «Aspects of modern drama». Nueva York, 1918.

Díaz-Plaja, G.: *La voz iluminada.* Notas sobre el teatro a través de un cuarto de siglo. Barcelona. Instituto del Teatro, 1912.

Díaz-Plaja, G.: *Síntesis de literatura española.* Barcelona. La Espiga, 1943.

137

Diccionario de Literatura Española. Madrid. «Revista de Occidente», 1953.

Díez Crespo, César: En Teatro Español, 1950-51.

Díez Echarri, E., y Roca Franquesa, J. M.: *Historia de la literatura española e hispanoamericana.* Madrid. Aguilar, 1960.

Elwood, Charles: *Principios de Psichosociología.* París. Giard et Brière, 1959.

Entrambasaguas, J. de: *El teatro de Alejandro Casona.* «Clavileño», núm. 4, 1950, págs. 34-36.

Fitz Maurice-Kelly, J.: *Historia de la Literatura española.* Traducción, notas y apéndices de M. Henríquez Ureña. Santiago de Cuba, 1929.

García López, J.: *Literatura española.* Barcelona. Teide, 1961.

García Pavón, F.: *Teatro social en España.* Madrid. Taurus, 1962.

Garín Martí, F. N.: *El teatro español en su aspecto moral y religioso.* Estudio de ética teatral, con un catálogo de más de tres mil obras estrenadas en el siglo xx. Valencia, 1942.

Guerrero Zamora, Juan: *Historia del teatro contemporáneo.*

Giddings, Franklin Edmund: *Principios de Sociología.* Madrid. La España Moderna. Sin fecha. (Traducción, Adolfo Posada.)

Giménez Caballero, E.: *Lengua y literatura de España y su Imperio.* Madrid. Imprenta del autor, 1940-1953.

Goldman, E.: *The social significance of modern drama.* Boston, 1914.

González Ruiz, N.: *La cultura española en los últimos veinte años: El teatro.* Madrid. Cultura Hispánica, 1949.

Hurtado y Giménez de la Serna, J., y González Palencia, A.: *Historia de la Literatura española.* Sexta edición, corregida y aumentada. Madrid. «Saeta», 1945.

Junyent, J. M., y Juncadella, D.: *Un año de teatro en Barcelona (1941).* Barcelona, 1942.

Marqueríe, Alfredo: *Alfonso Paso y su teatro.* Escelicer. Madrid, 1960.

Marqueríe, Alfredo: *Veinte años de teatro en España.* Madrid. Editoria Nacional, 1959.

Northup, George Tuler: *An introduction to Spanish Literature.* Chicago. The University Chicago Press. Segunda edición, 1936.

Pérez de Ayala, R.: *Las máscaras.* Madrid. Calleja, 1919.

Pérez Munik, D.: *Teatro europeo contemporáneo.* Madrid. Ediciones Guadarrama, 1961.

Pérez Munik, D.: *Debate sobre el teatro español contemporáneo.* Santa Cruz de Tenerife. Ed. Goya, 1953.

Pin, Emile: *Las clases sociales.* Editorial Razón y Fe, S. A. Madrid, 1965.

Poviña, Alfredo: *La Sociología como ciencia y como ontología.* Editorial Assandri. Córdoba (República Argentina), 1958.

138

Recaséns Siches, Luis: *Vida humana, Sociedad y Derecho.* México. La Casa de España, 1959.

Río, Angel del *Historia de la Literatura española.* Nueva York. Holt, Rinehart and Winston, 1963.

Rodríguez Castellano, J.: *Un nuevo comediógrafo español: Antonio Buero Vallejo* (Hispania, Stanford, California, XXXVII, 1954, págs. 17-25).

Sastre, Alfonso: *Drama y Sociedad.* Madrid, 1956.

Spencer, Herbert: *El progreso, su ley y su causa.* Madrid. La España Moderna (sin fecha). (Trad. de Miguel de Unamuno.)

Steven, Paul: *Moral social.* Ediciones FAX. Madrid, 1955.

Tarde, Gabriel: *Las leyes de la imitación.* Madrid. Daniel Jorro, 1957.

Tarde, Gabriel: *Etudes de Psychologie Sociale.* París. Giard et Brière, 1958.

Teatro español, El: *Historia y antología.* Desde sus orígenes hasta el siglo xix. Introducción, estudios, notas, selección y apéndices por F. C. Sainz de Robles. Madrid. Aguilar, 1942-43.

Teatro español de hoy: *Antología 1909-1958*, por F. Díaz-Plaja. Madrid. Alfil, 1958.

Ticknor, George: *Historia de la Literatura española.* Buenos Aires, 1947.

Torrente Ballester, G.: *Literatura española contemporánea* (1898-1936). Madrid. Afrodisio Aguado, 1949.

Torrente Ballester, G.: *Panorama de la Literatura española contemporánea.* Madrid. Guadarrama, 1961.

Torrente Ballester, G.: *Cincuenta años de teatro español y algunas cosas más.* «Escorial», IV, 1961, págs. 253-280.

Torrente Ballester, G.: *Razón y ser de la dramática futura.* Madrid, 1937.

Torrente Ballester, G.: *Teatro español contemporáneo.* Madrid. Guadarrama, 1957.

Valbuena Prat, A.: *Historia de la Literatura española.* Barcelona, G. Gili. Sexta edición, 1960.

Valbuena Prat, A., y Del Saz, A.: *Historia de la Literatura española.* Barcelona. Ed. Juventud, 1957.

Valbuena Prat, A.: *Literatura dramática española.* Barcelona. Labor, 1950.

Valbuena Prat, A.: *Historia del teatro español.* Barcelona. Noguer, 1956.

Valbuena Prat, A.: *Clásicos y modernos en la escena del siglo XX.* «Clavileño», núm. 24, 1953, págs. 18-21.

OBRAS DE VICTOR RUIZ IRIARTE HASTA 1964

Academia de amor.
Aprendiz de amante, El.
Café de las Flores, El.
Capitán Veneno, El (adaptación escénica de la novela de Alarcón).
Carrusel, El.
Cena de los tres reyes, La.
Cuando ella es la otra.
De París viene mamá.
Día en la Gloria, Un (un acto).
Don Juan se ha puesto triste.
Elena, te quiero (en colaboración con Janos Vaszary y música de Parada).
Esta noche es la víspera.
Fierecilla domada, La (versión libre de la obra de Shakespeare).
Guerra empieza en Cuba, La.
Gran minué, El.
Investigación privada, Una.
Juanita va a Río de Janeiro (un acto).
Juego de niños.
La señora, sus ángeles y el diablo.
Landó de seis caballos, El.
Mujeres decentes, Las.
Pájaros ciegos, Los.
Puente de los suicidas, El.
Soltera rebelde, La.
Usted no es peligrosa.
Tengo un millón.
Vida privada de mamá, La.

ADAPTACIONES DE OBRAS EXTRANJERAS

Nina, de André Roussin, en colaboración con J. M. Arozamena.
Príncipe durmiente, El, de Terence Rattigan.
Puerta abierta, La, de Lajos Zilhay.

Premio Nacional de Teatro por *Juego de niños,* 1952.
Premio Piquer, de la Real Academia Española, por *Academia de amor,* 1946.

INDICE

SE TERMINO DE IMPRIMIR ESTA OBRA
EN LOS TALLERES GRAFICAS UGUINA EL
DIA 6 DE JUNIO DE 1973
LAUS DEO

2139104